山崎弁栄

# 弥陀合一の念仏

佐々木有一

春秋社

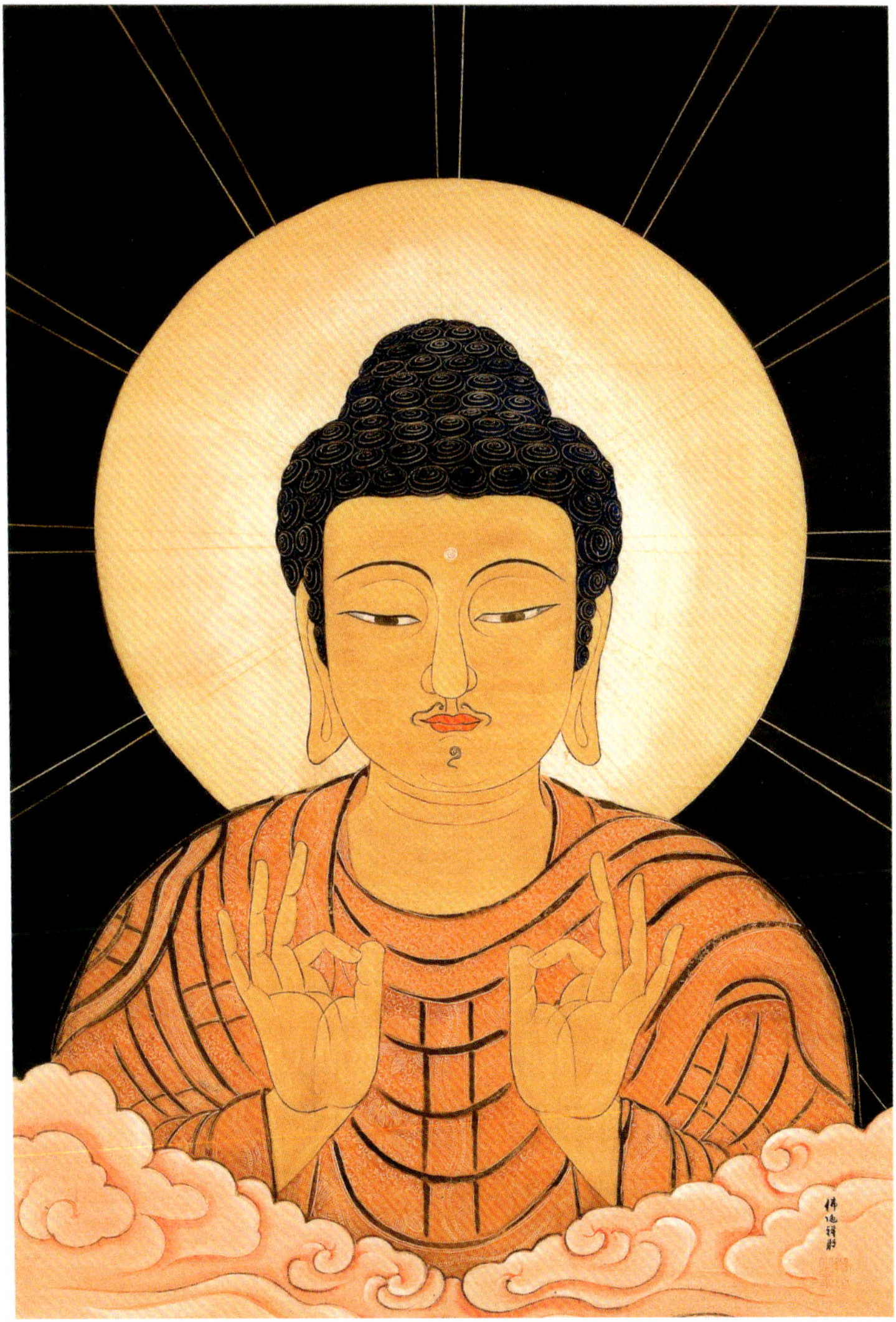

三昧仏（信州上諏訪唐沢山阿弥陀寺蔵）

山崎弁栄　弥陀合一の念仏

目次

山崎弁栄　弥陀合一の念仏

# はじめに——山崎弁栄は何を説いたか

念仏によってどのようなことが起こるのでしょうか。

念仏の具体的な方法論とその効果を、念仏聖者山崎弁栄《やまざきべんねい》の教えによって共に学んでいきたいというのが本書の願いであります。ただ、いわばそのような各論に入る前にやはり総論的なフレームワークを一通り説明しておくことが必要かつ有益でありましょう。以下この序章において五つの方面から略述したいと思います。

## 一　念仏とは祈ること

念仏とは祈ることです。アミダ様のお名前を声に出してお呼びします。ナムアミダブツと声を出してお呼びすることを通じてアミダ様のお姿やお顔に思いをはせます。アミダ様はえも言えぬ美しいお姿と気高いお顔をあなたに向けて、いつでもどこでも、目の前にいらっしゃいます。そのアミダ様に一目《ひとめ》お目にかかりたいと心に念じてお名前をお呼びするのです。お慕い申してお会いしたいと念ずることが大切です。山崎弁栄という念仏の聖者は「端正無比《たんじょうむび》の相好《みすがた》を御名《みな》を通して念《おも》おえよ」とお教えくださいました。ここから念仏の祈りと不思議が始まります。

こういう念仏で開けていく世界のことを弁栄聖者の御教えを通してお伝えできればと願っています。本書の云わんとするところは、実は、弁栄聖者の後を継いで信徒団体をまとめていかれた笹本戒浄《ささもとかいじょう》上人（一八七四～一九三七）のご法話の一つに尽くされています。同上人を追慕する文集（『しのび草』）に収録されている次の一文です。本書はこれをかみくだいて味わっていこうというものです。

## 『しのび草』所収の法話

「私共が是非とも御救いに預かり度い、お育てを頂き度いと願って、たとえ短時間づゝであっても日々お画像《すがた》（念仏のときに用いる阿弥陀の絵像、三昧仏と称しています。引用文中かっこ内は筆者注、以下同）の前で一心にお見つめ申しお慕い申してお念仏致す様になりますと私共には本来記憶の作用がありますから、今度はお画像《えぞう》を離れている時にでも、記憶《こころ》の中に親様の慈悲の相好《みすがた》をお憶い上げることが出来る様になります。又この処を弁栄聖者は『お画像に向ったら、一時間二時間頸筋も痛くなる程しっかりとお見つめ申して念仏せよ。又時々は瞑目し、しかし心はやはり親様に通わせて念仏しまた雑念が起これば目を開けてお画像を拝せよ。』とねんごろにお示し下さいました。かくの如く、日々一心にお念仏をして居りますと、時にトロトロと眠気《ねむけ》を覚える様な事があります。その様な時、心を一段とひき緊めて凝《じ》っとお画像をお見つめ申しますと、アラッ！　これはたゞの御画像ではなかったと云う様に、それまでにない不思議を感じさせて頂く事もあります。又道を歩き乍《なが》ら、或は山を眺め、或はこんもり茂った森などを見る時、それらの山や森全体に大慈悲の御相好を拝する事もあります。

しかし、またここに極めて大切な事柄は、『未だ、たとえほのかにでも私共の心の中に慈悲の聖容《みかお》をお憶い上げることが出来る様になったら、それはいやしくも唯の記憶だなど丶思ってはならない。それがたゞの記憶としか思えないというのは、凡夫の考えに過ぎないので真実は、〈弥陀身心遍法界、映現衆生心想中〉、弥陀の身心は法界に遍く存在し、衆生の心想に映現し給う、のであります。我々がお慕い申すその心の中に、親様は尊い霊応の御身《おんみ》を以てお宿り下され、あたかも自然界の太陽が光線、熱線、化学線等を以て万物を生成化育する如く、親様は心霊界の太陽として、その御身から我々の心に尊い智慧、慈悲、威神の御光をお与え下すって、我々の心霊を活かしお育て下さるのである。故に初めはたゞその親様が真正面に在《まし》ます事を信じて一心に念仏せよ。さすれば後には必ず心霊の眼開け、如実に一切の真相を知るに至らん』と、常に聖者の御示し下さった事これであります。誠にこゝが非常に大切な処であります。もしこの御教えを忘れますと、信仰も時に流産する事があります。折角一心に念仏する心に親様が大慈悲を以て応現して下さいましても、たまたま悪縁に遇って、ナンダそんなものは、たゞの記憶じゃないかと云われる、頑是ない凡夫の悲しさについ信仰に動揺を来します。かくの如くして途中で流産してしまう方が余りにも多いのであります故に私共は、御同様に活き仏の弁栄聖者様の御教えを素直に頂戴し、とにかく一心に念仏して一時も早くその恵みに浴したいものでございます。なる程初めのうちは中々困難でありましょうが口に一心に南無阿弥陀仏、南無阿弥陀仏と申すにつれて心には大慈悲の霊容《みかお》を念い、お慕い申して念仏し努力に努力してその親様を何時も心からお離し申さない様に致します、その様に精進を重ねて行きますと、遂に三昧心現前し、法眼すなわち開く時、面《ま》のあたり生ける大慈悲の霊容《みかお》に接し、実に霊感極まりなきを覚ゆるに至ります。もうこうなりますと、以前想像に見奉ったとは到底比較にならないほどに尊い大慈悲の親様を見奉り、信仰は金剛の如く堅固なものとならせて頂けるのであります。かくて遂には七覚支の修行成就し、更に八聖道分に進むのであります。」（同、二八〜三〇頁）

## 二　山崎弁栄とは誰か

山崎弁栄は念仏を通じて新しい信仰体系を生み出した宗教界の巨人であります。大乗仏教、就中、法然浄土教に育まれながら、明治の新しい文明の思潮を受けて近現代にふさわしい内容に変化を遂げた宗教活動の創唱者でありました。

具体的な実践活動はいわゆる念仏でありますが、その念仏の方法、ないし流儀は自修自得されたものです。それが自ずと大乗仏教の長い伝統に即していること、言い換えれば後世の各宗各派ごとの修行法に代替せしめられて久しく閑却視されていた行法を再発見、復活せしめたものであるという認識を明確に自覚しておられたともいえるでしょう。般舟三昧《はんじゅざんまい》の法とも、三十七菩提分法とも称される行法であります。しかも単純な復活ではありません。一切経を読破しての全仏教的な広く深い知見に加えて、近現代の人々に分かりやすく了解しやすい言語・手法で解き明かし、実修の指導をされました。本書はその方法とその実践の結果の不思議ないし奇蹟を、弁栄聖者ご自身や、面授口訣《めんじゅくけつ》の高弟方の体験文を中心にお伝えしたいと願うものであります。

こうした独自の浄土教運動から創唱された新しい信仰体系は、宗教としては円具教《えんぐきょう》、学問的には超在一神的汎神教、総じては光明主義と言い慣わしています。

## 生涯

弁栄聖者は明治維新に先立つ九年前、鎖国を解く開国条約の翌年に生を享けた宗教的天才であります。長い仏教思想の伝統をふまえつつ、科学・哲学・キリスト教へも充分に耳目を向け、明治後半から大正期にかけて新しい浄土教哲学を創造・確立し、多くの人々を教化しつつその信仰体系を開花させていった人物、それが念仏聖者山崎弁栄《やまざきべんねい》（一八五九〜一九二〇）であります。ここでいう「浄土教哲学」とは、明治四三年頃の書簡に、聖者自ら「自己研究の浄土教哲学」として用いられた用語であり、後に「光明主義」として結実していく内容であります（『お慈悲の便り』上巻、三七二頁）。

弁栄聖者の浄土教哲学、すなわち宗教思想は、すべて自らの深い三昧体験に由来する宗教的事実を、帰納的にかつ体系的に説き明かされたものであります。その内容を言語化するに当たっては、実体験した内証の宗教的事実ないし新しい宗教思想を盛込む必要から、伝統的な仏教用語を用いながらも時には換骨奪胎的に意味を変え、また時にはやむなくして霊性、霊応など仏教用語をハミ出す事例も少なくはありませんでした。

弁栄聖者の宗教思想は、宗教学的には「超在一神的汎神教」と自ら造語し位置づけておられます。明治大正の激動期にあって旧と新、伝統と創造のミックスが天才の手によって新たに析出された新結晶の如きもの、それが光明主義であり超在一神的汎神教である、といえようかと思います。

「法蔵因位の十劫正覚より無量光に摂するは旧約にて、釈迦を通じて無量光に摂するは新約である。旧約は西洋のユダヤ教と同じく、浄土は全く死後の別天地とす。新約は精神的に現在より光明中の生活に入ることができる。……往生にも精神の往生と肉体の往生とがある。……精神の往生としてはこの世と後の世と一体である、ゆえに今現にこの精神に如来の光明を得る外

に仏法はない。」(『日本の光』、三九三頁)

聖者の生年は安政六年(一八五九)、現在の千葉県柏市、手賀沼のほとり鷲野谷《わしのや》の地でありま す。農家の山崎嘉平、なを夫妻の長男、名は啓之助でした。

明治期に流入する西洋の文物思想について当時の仏教界は拒否、否定、無視などの態度で対する傾向が一般に強かった中で、弁栄聖者は是々非々の中庸をもってこれに接しられたことが大きな特徴であります。ご生家の手賀沼界隈は江戸・東京から三〇キロメートル内外、現在では関東の内陸に延びる東京のベッドタウンという印象が強いのですが、江戸時代から明治にかけては大河利根川の水運に恵まれて外に開かれた土地柄で、経済的にも豊かなうえに各種の情報や世相の動きが早く伝わる地域であったということが見逃せないと思います。明治一〇年代に早くもギリシャ正教の手賀教会がこの地に進出し、村の有力者などが入信した、そういう土地柄でありました。当時の教会の建物は市の文化財として保存され、教会の活動は場所を移して現在も続いています。教会の進出時期は弁栄聖者の出家から東京遊学、三昧体験、筑波入山など宗教的人格の確立期にあたり、この教会の神父たちと何らかの接点があったらしいことは藤堂恭俊上人の『弁栄聖者』に明かされています。

弁栄聖者は早くから出家の希望をもちながらも、ようやく二一歳(明治一二年)で剃度《ていど》(剃髪得度)、名を弁栄と改め、師の大谷大康《おおたにだいこう》上人のもとで一年余の勉学のあと東京に出て、浄土宗のみならず他宗碩学にもついて仏教全般を広く研鑽され、さながら八宗兼学の気概溢れるが如くでありました。しかも学問としてだけでなく、たとえば『華厳五教章』を学べばその法界観の実修実践にも寸暇を惜しんで励まれました。もとより念仏に対するご精進も尋常でなく、明治一五年には筑波山に籠り、遂に三昧発得の身になられました。時に二四歳です。翌年から一切経読破に取り組み三年足らずで読了されました。このことだけでも僧侶として特別な、稀なるご精進です。稀といえば明治の中葉にあって珍しくもインドの仏蹟巡拝も果たされています。

筑波山にて三昧発得の偈

弥陀身心遍法界　　弥陀の身心は宇宙のどこにも在《いま》さざるところなく

衆生念仏仏還念　　我が弥陀を念ずると弥陀もまた我を念じ還してくださる

一心専念能所亡　　念じ続けて一心不乱、弥陀も我も彼此の別なく真実の自己と自他不二である

果満覚王独了々　　しかも不思議や、果満覚王たる阿弥陀仏ご自身が宇宙の中心に独り厳然と露わにはっきり鎮座在《まし》ます

偈の下にその読み（大意）を入れましたが、この偈の解釈や味わい方（玩味）は仏眼などの専門用語の活用が有効ですので、後述の「慧眼・法眼・仏眼」の項（一六六頁）参照。

## 棺桶別行

明治三三年、四二歳の時、三河にて肺炎を療養、その恢復後、自坊五香善光寺にてあらかじめ命じておかれた棺桶様の箱の中に端座、三〇日の別行を勤められました。この時の心境は次のように伝えられます。

「外から見たところは小さな窮屈な箱のなかで、寒に慄《ふる》えているように見えたかも知れぬが、寒熱などは感じもない念仏三昧の心の空が霽《は》れてくれば、一本の生糸を千筋にさいて、その目にもとまらぬ細い軟らかい快さでふわりと包まれたような、内から発する体感も通り過ぎ、身体のあることさえ感ぜず、このうっとりとなるような大喜妙悦の内感も安祥として通りこし、うつし世にはなき妙音妙香の心を楽ましむる勝境も通りこして、例えようのない快ささえ今は覚えなき心の空は、万里雲なき万里の天に、満天これ月の光明界となることもあり、あるいは尽十方は無礙光如来の光明織りなす微妙荘厳現前することもあり、あるいは無相、あるいは有相、自受用法楽の言語に絶し思慮の及ばぬ勝境現前、彼此の対立全くなき神人融合のなかに、如来の徳と智を啓き与えられて、時空を超絶してすごされた三十日別時三昧に、心光いかばかりかその輝きを増されたことであったろう。」（『日本の光』、一二六頁）

以上は如来と聖者との感応道交の情景にほかならず、かかる叙述はみずからも三昧発得の体験者であった田中木叉《たなかもくしゃ》上人（一八八四〜一九七四）ならではの筆致であり、深い感動を覚えます。

弁栄聖者独自の光明主義は明治三〇年代の半ばごろからその萌芽がみられるとされますが、その後四〇年代に入ると『無量寿経』所説の「如来光明歎徳章」およびその中の**十二光に基づく宗教体系**が次第に全貌を現してまいります。明治四五年の九州巡教の頃はすでに思想的に確立していたとされ、大正に入ると三年に「如来光明会趣意書」、四年には独自の「如来光明会礼拝式」が出版されます。伝統的浄土宗の宗乗にとどまらない創造が伝統の上に築かれていったといえるでしょう。因みに同三年は後に聖者御遷化のあと光明会総監となられた笹本戒浄上人が初めて聖者に相見《しょうけん》された年でもあります。

大正五年、浄土宗総本山知恩院における、僧侶に対する高等講習会に招かれ、宗祖法然上人の信仰の内実を法然自身の道詠を材料として、みずからの念仏体験に基づいて読み解き、それを体系的に提示して聴衆に多大の感銘を与えられました。宗門が直後に『宗祖の皮髄』として出版するよう要請しています。大正七年には請われて時宗大本山無量光寺（神奈川県相模原市）の法主に就任、翌年にはその庫裡を利用して光明主義伝道者の養成を期して光明学園を創立、学園は今も高等学校として多数の若者の学びの場となっています。

大正九年の伝道中多忙続きのなかで発熱、病床につかれ、新潟県柏崎市の極楽寺にて遂に遷化されました。時に一二月四日、世寿六二。

## 如来光明礼拝儀

弁栄聖者の布教活動は、初期には自作の絵入り和訳で示した『阿弥陀経図絵』をテキストにしておられましたが、明治三五年（聖者四四歳）に『無量寿経』から引用の『無量寿尊光明歎徳文及要解』を刊行されました。これを端緒として次第に礼拝式として内容の充実、整合が進み第九式に至るまで発展しました。最終の第九式が現行の「如来光明礼拝儀」であります。

聖者は最晩年まで礼拝儀の制定・完成に心血を注ぎ精魂を傾けられました。最終稿は大正九年に聖者ご自身が稿本を自書され、笹本戒浄上人が全文を墨書、これを聖者が自ら確認加筆された上で印刷に付されたと伝わります。しかし最終第九式の印行を待たずにその年の一二月に遷化されたのであります。

「如来光明礼拝儀」は朝夕の勤行の際、読誦されます。勤行の前後に阿弥陀仏を三礼した上、『無量寿経』由来の如来光明歎徳章と無量寿仏および十二光仏への讃礼の頌、また光明摂取の文、総回向の文が朝夕に共通して唱えられます。このほか六つの祈祷文を唱えますが、朝（晨朝の礼拝）には至心に帰命す、至心に勧請す、至心に発願す、の三つを唱え、夕（昏暮の礼拝）には至心に感謝す、至心に懺悔す、至心に回向す、の三つを唱えます。こうして念仏実修に入るわけですが礼拝儀の読誦はだいたい二〇分ぐらいではないでしょうか。

巻末に朝夕の礼拝儀を付録として掲載しましたのでご参照ください。

以上のほか、詳しい年譜的な叙述や自然科学の造詣、またキリスト教への深い関心等々については本書の姉妹篇たる『近代の念仏聖者　山崎弁栄』（春秋社、二〇一五年）に譲ります。

有縁の人からは「現代の釈尊」とまで慕われた弁栄聖者ですが、さまざまの逸話が知られています。

聖者は学問だけでなく実践実習にも大いに励まれ、たとえば念仏のときにロウソクを腕に立て、また線香を腕に横たえて燃え尽きるまで念仏されることがありました。またあるときは、掌《てのひら》に盛った油に灯心を浸して火を付け、熱した油と黄色い焔がじりじりと皮膚ににじみ込むのを忍んで、如来さまに供養されることもありました。その火傷のあとは後年まで残っていたといいます。筑波山に籠もられた二ヶ月間は、一日の称名およそ十万遍、時には蛇が膝の上に悠々と這い上がるので、法衣の袖であやしてやると蛇は別に驚きもせず、たまには猿が来て無心に戯れることもありました。筑波山では少量のそば粉で飢えをしのぐ日々であったと伝えられます。

米粒に南無阿弥陀仏の六字をお書きになったことがよく知られています。この米粒名号は、下駄履きで歩きながらも一時間に四～五〇〇粒はお書きになりました。妊婦がこれを呑むと産児が手に握って出てきたという話が三河や千葉に伝わっています。こういう話はかえって迷信めくと懸念した人が、「米粒名号をおよしになったらいかがでしょう」と申しあげると、聖者は「いやそうではない。人には口はあれども、なかなか称名しないものである。米粒が読めると南無阿弥陀仏と読む。その一声が大切な仏縁になり、それをご縁に如来さまがお救いくださるのである」

とおっしゃいました。

聖者は書や絵をたくさんお書きになりました。仏画では、秀逸な出来映えの観音さまと出山の釈迦の二幅くらいなら、一五分以内でたちまち描きあげられる早さでした。

いろいろの大乗経の経文を細字で写し、その字を線にして経の内容に相応する仏像仏画も描かれました。数万の字に一字の誤りもありません。浄土三部経では弥陀三尊、『涅槃経』では涅槃像、「一枚起請文」を繰り返しては元祖大師（法然）像など数多くお描きになりました。普通の絵としてみてもその神業は実にみごとなものでした。聖者のこうした定心自在の境界は両手同時運筆にも現れていて、口を加えた三手書きも残されています。かつて弘法大師も五筆和尚の名で知られていますが、それを彷彿とさせるものです。

ご出家まもなく東都勉学中の頃のこと、風采上がらぬお姿にて往来を歩いておられましたが、前後左右に侍者を従え長柄の日傘を掲げた一駕の中から緋衣の威容正しき一僧侶が降りきたり、慇懃に聖者に作礼して再び乗駕して去るという一幕がありました。後に何故にと侍者がその高僧に尋ねますと、高僧の曰く、「あの僧侶の両眼からは光明を放っておった。さだめしただの凡僧ではあるまい」と。

法然上人にも両眼から光を出して読経しておられたという晩年の逸話があります。『勅修御伝』巻八に「（法然）上人三昧発得ののちは暗夜に燈燭なしといえども眼《まなこ》より光を放ちて、聖教をひらき室の内外を見給う」と出ています。

弁栄聖者には人智を超える不思議な逸話も残されています。まさに阿弥陀仏の智慧である大円《だいえん》鏡智《きょうち》が体現されているというほかはないでしょう。

ある日、聖者が大学でご講演中、遠方からの学生が「今この時に帰らないと汽車に乗り遅れる、困ったなあ」と思っていました。その時、聖者は「時間を気にしている学生がいるが心配ない。私の話は何時ごろに終わる。汽車は二〇分ほど遅れているから終わってすぐ停車場に行けば間に合う」とおっしゃいました。学生が汽車に間にあったのはいうまでもありません。

聖者が渡し舟に乗っておられたとき、対岸のあるところを指さして、「あそこに一四歳ばかりの娘が溺死しているが、堤防の下の石にひっかかって浮かび上がらずにいる。水練の心得のある人がいたら、子どもを出して親を安心させてやってください」とおっしゃいました。はたしてその通りであったということです。

キリスト教の牧師が他人の名刺を持って聖者に面会を求めました。牧師は聖者に「地獄、極楽とよく言われますが、極楽に行ったことがありますか」と尋ねました。すると聖者は、「あなたは天国へ行ったことがありますか」と尋ね返されました。牧師は、「いいえ。私は無宗教ですから」と答えますと、聖者は「いやしくも宗教家は嘘を言ってはいけません」と戒められました。度肝を抜かれた牧師は、その後聖者のお供をして念仏する身となったそうです。

このように、弁栄聖者は一切を直観する力を持っておられました。日月星辰山川草木はもちろん、他人の心や姿かたちも、自己の心の中の事実となっているのです。それは、心の中の事実として直観されていて、宇宙が聖者の御心となっているからです。大円鏡智とは、外のものが内にある、すなわち内外一体、物心同体の覚りです。これらの逸話は、聖者が大円鏡智をはじめ如来の四智を円かに具えておられた証しでしょう。

## 三　円具光明主義の強調点とは

弁栄聖者の御教えは宗教的には円具教、哲学的・教学的側面を強調すれば光明主義といわれています。

信仰の対象たる本尊は何か、その本尊への信仰を通じて信者の求める宗教的な目的は何か、そのためにはどのような宗教的行為を実践するのか、等々の観点がポイントになります。

第一の仏身論は、光明主義では阿弥陀仏は無始無終の本仏と考え、その故に仏の四大智慧の考え方も通仏教的な想定とは異なり全くユニークであります。この智慧論と共に仏身論は本書の姉妹書『近代の念仏聖者　山崎弁栄』（春秋社、二〇一五年）に詳述されています。

第二点は安心論ともいえますが、この姉妹書と本書の双方が視野に入れている一方、第三の行儀の面、すなわち念仏実修の用心（起行の用心）こそはまさに本書の焦点であります。ただ全体としての基本的な教義の枠組みは念仏実修の場合にも必要な知識ないし信仰持続の大前提でありますから、予め要点を以下にご案内しておきましょう。

「如来は……いつもましますけれども……衆生は知らない……それを知らせにきたのが……弁栄である。」

弁栄聖者の臨終の言葉であります（『日本の光』、五三三頁）

その御教えは阿弥陀如来が「今現《いまげん》に此処《ここ》に在《まし》ますことを信じて」念仏を実践し、念仏を通じて阿弥陀如来に帰命し、「無限の光明の中に永遠の生命を与え給え」（『礼拝儀』）と祈ります。阿弥陀如来が「今現にここにまします」と心から信ずることが第一のポイントであります。

そして光明の元となる阿弥陀如来は、始めもなく終わりもない在《あ》り通しの仏様なのです。本有《ほんぬ》無作《むさ》の本仏ともいいますが、この点が第二の大きな特徴です。

第三に阿弥陀仏をお慕い申してこころに弥陀の身を憶念し口に弥陀の名を称える般舟三昧《はんじゅざんまい》の念仏を実践すること、これが大切なところです。

第四に「無限の光明」の光明とは一心に念仏して信心を凝らす時に如来の与え賜う不思議の霊力のことであり、太陽がその光明によって世間すべての生物を活かす如く、如来は光明をもって一切衆生を摂化《せっけ》し人々の心霊を霊活せしめ給う、と説明されます（『人生の帰趣』趣意）。

そして第五に「永遠の生命」というのはそれこそ永遠のテーマでありますが、あえて一口で言いきればこのような如来の光明に包まれて如来の智慧を開示され、宇宙いっぱいの大我との合一を確信するということでしょう。

このような諸点が大切であり、そのようにしておのずからに、現実の生活の中で人格的向上を体現しながら「聖《きよ》き心」への更生を期す、これを「救我《くが》」といいますが、それは結局他者の為にはたらく菩薩の願いを実践するためにほかならず、これを「度我《どが》」といいます。死後の浄土往生を願う未来主義とはおのずから異なる第六の特徴といえましょう。今日、念仏を称える信仰は各派を合わせるとおそらく仏教信仰の多数派でありましょうが、同じ念仏でも称える思いに三種あり、というのが弁栄聖者の立場であり、また御教えの根幹であり、そうして本書本文の入口ともなるわけであります。

さらに光明主義の教えの全体を、阿弥陀仏の十二の光明に着眼して十二光仏に配分し、かくて全体を体系的に説き明かしていくところが決定的な特徴です。それを第七の特徴とし、十二光明のそれぞれについては後の項で紹介します。

## 四　三身即一の大ミオヤとは

### 独尊の本仏阿弥陀如来を発見

仏身論の詳細は姉妹書に譲りますが、要は大ミオヤという唯一絶対の如来をたてることが大きな特徴です。

『人生の帰趣』に次の一文があり、独尊の如来の宣言、公理の宣言です。

「宗教ではまず第一に宇宙に絶対無比なる唯一の独尊の存在を信認し、これに帰命信頼するを定むるにあり。これ宇宙唯一の活ける大本尊である。……独尊なる大霊は一方よりは天の法則を以って万物を統摂する故に君王の如くに見え、一面には万物を生成養育して終局に帰着（帰趣）せしめる父親に比して観られる。」（同、一二七頁）

朝夕の念仏実修の際に唱える「如来光明礼拝儀」に無量寿仏と無量光仏の讃頌が出ています。

無量寿仏
本有《ほんぬ》法身阿弥陀尊　　迹《あと》を十劫に垂れ在《まし》し
本迹《ほんじゃく》不二なる霊体の　　無量寿王に帰命せん

無量光仏
十方三世一切の　　法報応の本地なる
独尊統摂帰趣に在《ま》す　　無量光を頂礼す

阿弥陀仏はそもそも無量寿仏（アミターユス）と無量光仏（アミターバ）の総合合体した仏格として認識されています。弁栄聖者は阿弥陀仏の本門の本仏としての存在そのものを無量寿仏に代表せしめ、本仏のもつ属性（霊徳）を無量光仏に代表せしめられたのであります。

## 三身即一の大ミオヤ

独尊の大ミオヤはまた同時に三身即一の存在でもあります。
「如来はただ一人の尊き大御親なれども私どものために三身に分かれて御慈しみを垂れたもうています。法身《ほっしん》は一切衆生を産みなす大本の**ミオヤ**にて天地万物はその恵みと力とに依って行われている。報身《ほうしん》は宇宙最高の処にましまして法身からうみなされたる人が信心念仏するに対して恩寵の光をもってこれを摂化し永遠の生命と為して下さる**ミオヤ**にて、応身《おうじん》は教えの**ミオヤ**すなわち釈迦牟尼仏である。この三身を合して三身一如の**大ミオヤ**と申し上げます。」（『人生の帰趣』、一二四頁）
なおここに報身とは「ほうしん」と読んで、一般的の「ほうじん」とは区別しています。

ポイントとなる「三身即一」というのは次のようにも要約できます。

光明主義とは何ぞや、の第一は阿弥陀仏を本有無作《ほんぬむさ》の仏身とみる、すなわち無始無終の存在(本有)であり、涅槃と菩提を得たのは修行の果として得たのではない(無作)、したがってもともとからの本仏である、といただく仏身観が根本であります。光明主義では「**大ミオヤ**」と呼び慣わしています。しかも空とか無相という抽象的な存在ではなく、自然界と心霊界を包む法界の中心に妙《たえ》なる色身すなわち仏の三十二相八十種好を円満にそなえた報身《ほうしん》という側面をもつ仏体であります。同時に全宇宙を産みなす法身《ほっしん》というあり方と、仏陀の慈悲を衆生に知らせ教化する応《おう》身《じん》というあり方(釈尊)を即一に具えたお方でもあります。これを三身即一の阿弥陀仏、**大ミヤオ**と仰ぐわけです。報身が衆生を育て、本来の自分の拠り所たる大我、真我に帰趣せしめるおはたらきをなさいます。衆生が念仏の信仰に目覚めますと、念仏者はこの報身の阿弥陀様をお慕い申しお遇いしたいと念じて御名を呼ぶ、それが光明主義念仏の基本形で、お慕い申しお遇いしたいと一心に念《おも》う、一心に憶念することを通じてお育てをいただき精神の更生、つまり「聖き心」によみがえっていくことを願うことになります。念仏をするときのこのような心の持ち方、気持ちの置き方を「起行の用心」といいまして、光明主義では大変重視しています。

## 三身即一の大ミオヤの諸特性

### 一切知と一切能

「万有の父たる法身の大心霊は知力と意志の二属性を有す。すなわち一切知と一切能である。法身は現宇宙を離れて処を別にして在るにあらず、法身ビルシャナは遍一切処にて（遍く一切の処に在《まし》まして）万物のうちに存在す。たとえば人の識大が身体中に遍満しておる如くである。ゆえに一切知と能とは大霊の遍動力が万物に内存の能力として（存在しているもので、このため）万物に秩序あり条理あるのは一切内存の理性によるのである。宇宙間のあらゆるものは悉く法身の手にかからぬはない。法身に一切知と一切能とがなくてはならぬということは、わずか地球上の生物の一部分である人類の身体を見ればわかる。あらゆる方面から人の身体および精神生活の機能が実に巧妙を極め、あらゆる知と能がなくてはならぬことが肯定される（からである）。」（『人生の帰趣』、一九九頁）

次に述べる如来の独尊・統摂・帰趣について、その依って来る所が一切知・一切能という法身弥陀の「二属性」であります。すなわち今述べましたところの文を受けてこれを要すれば、

「独尊なる大霊が一切万物に対してその法則をもってよく秩序を整え条理を為さしむる（一切知）と、万物を生成する勢力（たる一切能）との二属性を持っている。」（同、一三七頁）

ということであります。

また次ぎのような説明もあります。

「天地万物が行われて自然の法則がその常規をたがわず細大となく行われゆくは、万物内存の智慧が存在するからである。たとえば人間に理性があるから物の秩序がわかるごとく、万物中

におのずから完全な理性ともいうべきものが存在するから、天体の星宿が運行するにもその秩序を失わず、いかに細小な生物の生理にいたるまでも自然の法則がきちんと定まっていく。大霊の一切知が万物に内存する故に物のきまりが立ってゆくのである。……一切の生物のために内外の力となりてみずからも活動し外からも力を与えて生成養育せしめるのが一切能である。これ万物が活動する一大原動力であって大霊の勢力より発現する。この勢力をもって万物が生成活動する故に、万物がその結果として終局に帰着することができるのである。一切知と一切能との二属性が一切万物に対して統一摂理し、生成帰趣する性能となるのである。」(同、一三七〜一三八頁)

### 独尊・統摂・帰趣

「如来《みおや》の光」(『礼拝儀』所載)に次の頌《うた》があります。

独尊　仰ぐも畏《かし》こきあみだ尊　一切《すべて》の仏と神がみと
乃《いま》し生きとし活くものの　大《おお》み本地《おや》にて独尊《いとどうと》し
統摂　如来《みおや》は法則《のり》の主に在《まし》て　天地万物《あめつちよろず》を統《す》べ摂《お》さめ
一切諸法《あらゆるのり》の原則《のり》なれば　権能《みて》に係《かか》らぬ物ぞなし
帰趣　本願摂取《おさめまし》ぬの夕日かげ　帰依《むこうる》かたを照らしては
幸福《さち》と光栄《さかえ》に輝ける　涅槃《ときわ》のみ国に引接《みちび》きぬ

さきの一切知、一切能という法身弥陀の「二属性」が独尊・統摂・帰趣の霊徳の根源となります。三霊徳の依って来たるところが法身弥陀の一切知、一切能ともいえるのです。

### 独尊

如来の独尊とは宇宙万有の根本ともいうべく、またその中心は統摂、終局は帰趣ということが出来るでしょう。

「如来は一切万有中の独一の神尊にして二の霊徳を有す。一に統摂、二に帰趣、前者は如来は君主のごとく一切万法を統一し摂理したまう理性である。後者は万有に対して父のごとく慈愛をもって一切を養育し終局には光明をもって衆生を摂取し同化して自己の霊国に摂取したまう勢力である。」（『弥陀教義』、九頁）

「独尊とは宇宙間に絶対的偉大なる力をもてる唯一無比の尊き者の存在を信認する、それが自己の活ける本尊となる。他にくらぶべきものもなく絶対的に尊く、この尊のほかに全く帰命信頼すべきものもなく、また我を畢竟《ひっきょう》して（究極的に）救済し給うものはこの本尊のほかにあるわけはない。

仏教に十方三世の諸仏一切賢聖というもことごとくこの尊の分身にてこの尊をもって本地とす。一切諸仏神明の本仏なるが故に威神力も光明も諸仏の及ばざるところである。故に独尊となす。」（『無礙光』、三七頁）

この独尊たる点について、衆生凡夫はその事情を窺い知ることあたわざるをもって、釈尊が我らに対し「無量寿如来の威神光明最尊第一にして諸仏の光明及ぶこと能わざる所なり」と教えられたのである、と明かしておられます。

統摂

「如来は天則秩序の本源にして一切万法の原則で、法則をもって一切万物を統一し摂理《しょうり》する理性《りしょう》である。如来は絶対なれば自然界にも心霊界にも統一したまえども、自然界の方面に対しては天則秩序の統一的理性として万物を支配したまう。……一切万物は一として天則の理法に基づかざるものはない。……心霊界には如来の直轄のもとに人の心霊を統治するの理法として行われている。すなわち宗教に入りて光明の生活にはいる人は、如来の神聖なる統治のもとに正見をもって道徳秩序の正しき道を履行するは、これ如来の無上道を行くものなればその進行の結果は至真至善《しいしんしいぜん》の極致たる仏果に達す。……自然界に天則の支配のもとに人間としては道徳的行為をなすも、心霊界の光明に自覚せざる人は三善道（天上、人間、修羅）の範囲の道徳なれば六道輪廻の区域を脱することはできぬ。如来の光明に自覚して心霊界にはいる人は、涅槃の法身般若の理法に順《したが》う人なれば、すなわち如実の道に乗じて正覚に向かう人である。これをすなわち心霊的に如来の統治のもとに摂理せらるる人とす。」（『弥陀教義』、一一〇～一一一頁）

帰趣

「如来は、もとその体より因果律に支配される世界を生み、世界から衆生が発現したのであるが、その如来には、この衆生を精神的に進化し心霊開発せしめたる終局には絶対なる如来性の許《もと》に帰着せしめる勢力がある。……いいかえれば、もと（本来）如来の有《もの》である宇宙万有は如来法身から天則の理法によって世界及び衆生と産出されたものであるから、その世界の上における衆生を次第に進化せしめてその心霊を開き、終局には如来本居の永恒の光明界に帰趣せしめる理性が存在しているということである。」（『弥陀教義』、一二頁）

次ぎの文は、衆生が念仏によって救われていくプロセスが余すところなく明かされています。

「この帰趣とはまた結帰のことである。如来は一切万物の慈父であり、結帰とは親が子を育てる目的は親の如くに完成するところにあり。……帰趣の理は如来が衆生を摂取したまう目的である。まず法身が天地万物の設備の下に自然界の中に衆生を生じ、法身より受けたる精神生命がある程度に進み、すでに宗教生活に入る準備ができれば如来の精神的心霊界に摂取せんがために報応二身を現じたまう。報身《ほうしん》は心霊界の太陽として慈智の光明を遍く十方世界を照らして聖意に随う者を摂取したまい、応身《おうじん》は人類の中に出て衆生に教えるに報身の光明に帰命信頼すべきをもってす。衆生は応身釈迦の教えにしたがって一心に念仏するときは報身の光明を被り霊性開けて大慈父の光明中の人となることを得。ここにいたれば神《こころ》はすでに父の中に帰えりしなり。これを有余涅槃《うよねはん》という。有余涅槃とは身は娑婆にありながらこころが浄土にすみ遊ぶの意味にて、有余の肉体の開散（肉体の死）にいたれば実在の報身如来の本居の浄土荘厳顕現す。ついには一切諸仏と等しき正覚を成じ、大涅槃の本居に帰ることを得るはすなわち大慈父の光明に依る故である。……衆生はことごとく法身より受けたる霊性を具有すれども、報身の光明に摂化せられざる者は、心の無明により業をつくり業によって生死の苦をうけ三善三悪六道輪廻きわまりなし。これを迷いの衆生という。報身の光明に摂化せられたる者のみ永恒常楽の父のもとに帰趣することを得。」（同、一二～一四頁）

## 五　独得の四大智慧論

本仏大ミオヤの重要な特性として弁栄聖者独得の四大智慧論も注目されます。むしろこの独自の智慧の甚深なる内容こそが大ミオヤの三身即一たるお働きの根底根源であるともいえるでしょう。

弁栄聖者は、智慧について伝統説を充分に踏まえつつも、ご自身の自内証、ご自身の悟りの実地体験から帰納的に（決して一つのアイデアとか理念からの演繹ではなく）新しい解釈を打ち出されました。

「無辺光の四大智慧は個人の心理の観念と理性と認識と感覚の四分類に例すべきものにて、無辺光に法身の四大智慧と報身の智慧との両方面あり。法身の四智は天則秩序の理性《りしょう》として自然の一切万法に遍くいきわたれる理性である。四大智慧とは一大観念態（大円鏡智《だいえんきょうち》）と一大理性（平等性智《びょうどうしょうち》）と一切認識の本源（妙観察智《みょうかんざっち》）と一切感覚の本源（成所作智《じょうしょさち》）とである。

この四智が万物に内存して自然界の主観客観の本元と為る（大円鏡智）。また万有を生成する統一摂理の本源と為る（平等性智）。又因縁相い成じ陰陽交感の造化の妙用の本源と為る（妙観察智）。また感覚作用たる客観の色声香味触の相と為る（成所作智）（なお、五境だけでなく五根、五識も作智の表われです）。この四智が自然界の一切万象の根元と為る。また一切衆生の知覚も運動も悉く如来四智の万物内存からして、吾人の感覚等と為り乃至一切の心の作用の相象を現わせるものである。法身の四大智慧が万物の中に存在しているから人類の精神作用もそれが分に応じて顕現したのである。

法身の**大ミオヤ**が一切衆生という子等の智を向上させて、しかもまた更に進みて如来の自境界なる仏智の光明界に帰趣させん為には報身仏の四大智慧の光明を以て衆生の四智を開発させて、如来の自境界の中に摂めて一切の真理を覚らしむ。

更にいわば自然界の物質心質と依正色心（環境や人、ものや心）の相と為り、また万物を生成する秩序と為りたり或は衆生の五官の感覚と為り、外界の五塵（境、対象）と現るるも、悉くこの法身の四大智慧の分類現象（類に応じて現われたの）である。また更に進みて如来の浄《きよ》き法界に摂取せられて仏慧の眼《まなこ》開けて如来の妙境界を照見し得らるゝのは報身如来の四智の光

が衆生の四智を照らし給うたものである。」（『無辺光』、一〜三頁）

重要なことは念仏によって心霊が開発されていくという観点であります。従来の浄土教は『阿弥陀経』などが説く浄土変相図、即ち浄土曼荼羅によって浄土を描き、浄土は西方十万億仏土の「彼の土《かど》」にあるとしてきました。これに対し、弁栄聖者は、五根五力七覚支へと階梯が進むに応じて如来からの啓示を受けて念仏者の心霊が開発されて、自らも如来の智慧の光明に浴するに至るとされます。今生きている現生の世界に、浄土を見ることの意味を明らかにされたのであります。すなわち往生とは状態の変化であり、智慧、つまり四つの智慧、四大智慧をこの身に頂くことによって、「聖き心」によみがえり、かくして「聖き世嗣ぎ」という立場にのぼる、これが浄土に住するという意味に他ならない、ということを明かされたのです。だからこそ阿弥陀仏や浄土が「去此不遠《こしふおん》」（『観経』散善顕行縁）、此を去ること遠からずといえるのではないでしょうか。聖者の教えが現在を通じて心霊が開発される円具教（円満具徳教）といわれる所以です。

このような弁栄聖者の智慧の教説がいかに独自でかつ貴重であるか、少なくとも下記の五点は見落としてはならないと思います。

①自内証から帰納的に

冷暖自知の智慧の内容が、聖者の自内証をもとに言葉を尽くし、哲学者の如くの造語や他分野のタームを応用駆使して縦横無尽にその委細が語られます。唯識論の説明が定義的、形式的の印象を免れないのに対し、弁栄聖者のご説明は覚者の大慈悲の発露ならではとの印象が強いのです。

②ボトムアップの四智とトップダウンの四智

仏教の世界で四大智慧といえば「識を転じて智を得る」という唯識説の考え方が一般であります。弁栄聖者の智慧論がいかに独自であるかを知るためにも、まずは通仏教的ともいえる唯識説のそれをざっとみておきたいと思います。

唯識説は「識」について、人には八つの識があるといいます。八識《はっしき》とは、眼《げん》識・耳《に》識・鼻識・舌識・身識（以上の五感を前五識という）・意識・末那《まな》識・阿頼《あら》耶《や》識の八つの識。〈唯識〉はヨーガの体験を通して、潜在的・深層的な心である末那識と阿頼耶識とを発見して、合計で八つの識を立てました。意識（第六識）は、言葉を用いて思考する働きを有する心であり、末那識（第七識）は、深層に働く自我執着心、阿頼耶識（第八識）は、すべての存在を作り出す根源的な心をいいます。

こうした識は迷いの凡夫のこころでありますが、修行を積めば悟りに転ずるといいます。迷いから悟りへというのは一大飛躍で、仏教用語では心のありようを転ずる（変化せしめる）ことを転の字を用いて、この大変化振りを表現します。転捨と転得が対になり、この変化の全体を転依《てんね》といいます。転捨は単純にいえば心の汚れたありよう（雑染分《ぞうぜんぶん》とか依他起上《えたきじょう》の遍計所執性《へんげしょしゅうしょう》）を捨てる、断つ、滅することです。転得は心の清浄なありよう（清浄分《しょうじょうぶん》、依他起上の円成実性《えんじょうじっしょう》）を得ることです。
凡夫の識が修行によって智に転ずるという考え方はいわばボトムアップの智慧論といえますが、弁栄聖者の四大智慧はこれとは逆に、本有無作の本仏阿弥陀の特性（相大）としてそもそもどのような智慧体であるかを解き明かすもので、トップダウンの智慧論です。

③智慧と仏身の関係

唯識説では四智のそれぞれを三種または四種の仏身に見立てるなど智と仏身が直結的に対応しています。簡潔にいえば、成所作智は凡夫に対する変化身《へんげしん》（釈尊）の原因、妙観察智と平等性智は「地上《じじょう》の菩薩《ぼさつ》」に対する他受用身《たじゅゆうしん》の原因、大円鏡智を含む四智全体が自受用身《じじゅゆうしん》の原因である、といいます。変化身と他受用身は利他に働いてやまない仏身です。なお唯識説では自性身は有為法たる智慧の所産ではなく、無為法たる理の真如法性、清浄法界である、と説くところが特徴です。

一方、弁栄聖者は産み主、育て主、教え主などの如来のはたらきに着眼して法報応の三身を立て、伝統説と同じ用語を用いながらも意味づけは全く独自です。

弁栄聖者の仰がれる阿弥陀如来は酬因感果、十劫正覚の仏身ではなく、本有無作の大霊でありますが、この法身如来は知力と意志の二属性、すなわち一切知と一切能を有し、その故に宇宙万有の根本として独尊であり、その中心は統摂、終局は帰趣という二種の霊徳（権能・勢力）を有しています。このような関係は別の角度から見れば如来の四大智慧が縦横に働いている様子にほかならないともいえるわけです。

三身の法身仏がみずからの分身として生成せしめた世界や衆生を、元の**大ミオヤ**（絶対心霊）の御許に還らせるために救いと育ての報身《ほうしん》仏としても現れ給う、そしてこのことを衆生に教えに来られたのが応身仏のお釈迦さま、これが法報応の三身ということで、その本地は無量光仏であり、衆生のために三容に現れた一体であり、一体の三面観にほかなりません。それゆえに三身は即一なのです。

太陽の光は全体としては無色でありながらプリズムを通すと七色に分かれて見える虹のごとくに、無量光寿仏はみずから報身の十二の光明とお成りになって衆生の済度に万全を期したまうのであります。無量寿仏は久遠本有の本仏であり、娑婆の衆生のために教主釈尊をお遣わしになる一方、無量光仏としては過去現在未来にわたる一切の法報応の仏身の本地として独尊にておわします。独尊の故に万物の統摂帰趣にてもあられます。こうした大慈大悲のお力のお蔭でわれわれ衆生は光明生活に入っていくことができるのです。

④生産門と摂取門

上記独自の仏身観とも連動しますが四智のはたらき方に着眼した「法身《ほっしん》の四智」と「報身《ほうしん》の四智」という教説もまた全く独自であります。前者は産み主としての如来のお働き（自然界の一切に関わる）、後者は育て主としてのお働き（見仏など個々の念仏者に及ぶ）に関わります。衆生が如来の浄き法界に摂められて仏慧の眼《まなこ》が開けるには報身の四智、なかでも報身平等性智のお働きが不可欠なのです。

⑤智慧の啓示と新五眼説

念仏の進みに応じて仏智が衆生に啓示されるという関係が明かされ、またそれが龍樹以来の五眼説を換骨奪胎して新五眼説として提示されます。如来と衆生を結ぶ感応道交など神秘の仕組みが四大智慧相互の絡みを含めて明かされました。

（以上、前掲姉妹書より取意。ただし②は新たに加筆）

また、四大智慧のうち成所作智は肉眼、心眼とものの大本であり、本書「第四章　七覚支」の項とも重要な関係がありますので、必要な個所については姉妹書より再掲して論を進めます。

## 六　十二光仏で組み立てる

弁栄聖者は明治三三年の病気療養の直後、いわゆる棺桶別行を経て独自の境地を開かれたようであります。これが新法門への大きな契機になったとみられています。

「……その後少し健康を害して、関西に二年ほど出張を止めて、東国にて伝道に従事したりし三十四年～五年、大いに感ずるところありて、伝道の余暇、浄土教の哲学的方面に研究することにつとめて、大いに得るところあり。関西の仏教盛んなる土地において僧侶衆の請いによりて、自己研究の浄土教哲学を講習せること十数か所にて開きたりき。

　これを仰げばいよいよ高く、これを鑽《き》れば（錐で穴をあければ）いよいよかたく、実に広大甚深不可思議にして不可思議なるものは弥陀の光明なり。

　古人曰く、弥陀は名を以って衆生を度す。元祖大師（法然上人）は……一切仏教中よりえらみ択んで弥陀の名号を抽《ぬ》きて所帰を定む。……名はすなわち体を徴《あらわ》す。あみだの名の中に如来の三身・四智ないし一切万徳ことごとく具備して余りなしと。……あみだの聖名を開きたる弥陀の十二光聖名、いずくんぞただ誇大的に無量無辺の霊名を列《つら》ねたるものならんやと。……

　実に如来の境界は凡夫心力の及ぶところにあらず。この神秘不測の妙境を窺わんと欲せば……（これを）開くの妙鍵は、すなわち十二光名によりてその体を発悟《はつご》するにあると。古来、千聖（多くの聖者たち）出でて名を以て獲得《ぎゃくとく》すべき経路を示したまえども、いまだこれを開きて十二光名を以て諦《あきら》かに如来の体（本体）・相（すがた）・用（はたらき）を窺うべきの真理をのこしたまいしは深意あり。後昆（子孫）をしてこの霊名によりて広く深く細に微に如来の聖徳を獲得せよとの聖意《みこころ》ならむ。……ここにおいて如来、ひそかにこの愚昧なる小弟子をえらみて、これを開くべきの宝鑰《ほうやく》（宝の鍵）を授したまえるなり。故に選ばれたる小弟子、みずから不敏を顧みず、十二光によりて如来の霊徳を密《ひそ》かに開くの命を奉ず。みずから感謝措くこと知らざるなり。

……宇宙の真理は悉く十二光によりて尽くせり。よって光明三昧を以て主義とし奉るなり。三世諸世の闇と罪と悩みとにまどいつつあるものにこの光明を与えむと欲してやまざるなり。三世諸仏はこの光明によりて成仏したまえり。一切の諸賢はこの霊徳によりて得度したまえり。

その後、寐《ね》てもさめても光明三昧にて候。この光明を惣表《そうひょう》するものはなむあみだ仏にて候」

（明治四三年一二月七日付け。山本空外編『弁栄上人書簡集』二六四頁〜。『お慈悲のたより』上巻、三七二頁〜にも同旨の文あり。）

## 十二光仏

「如来の光明は遍く十方の世界を照らして念仏の衆生を摂取して捨て給わず」（『観無量寿経』真身観）。すべてはここから始まります。十二光仏とは、無量寿如来の光明が「威神光明最尊第一にして諸仏の光明及ぶこと能わざる所なり」とされるところから、この故に無量寿如来を無量光仏以下十二の光明の仏号を以って号し奉まつる、とされているからであります。『無量寿経』の「如来光明歎徳章」に説くところです。仏号を列挙しますと無量光仏《むりょうこう》、無辺光仏《むへんこう》、無《む》礙光仏《げこう》、無対光仏《たいこう》、炎王光仏《えんのうこう》、清浄光仏《しょうじょうこう》、歓喜光仏《かんぎこう》、智慧光仏《ちえこう》、不断光仏《ふだんこう》、難思光仏《なんしこう》、無称光仏《むしょうこう》、超日月《ちょうにちがつ》光《こう》仏の十二であります。

十二光仏は経文では次の文章で○印につけた番号の順に並んでおられますが、一応のグループ分けをいたしますと「前三の光明」と「後九の光明」に分けられると思います。「前三」は如来そのものを、体大（無量光仏）、相大（無辺光仏）、用大（無礙光仏）という三面から味わうもので、「後九」はこの如来さまが衆生をどのように済度していかれるかを表したものとして解釈できます。無量寿仏と十二の光明仏の、弁栄聖者の讃頌（『礼拝儀』所収）を筆者なりの説明の便宜の順に掲げ、簡単に説明します。

**発心修行**

南無不断光仏
常恒《じょうごう》不断の光明に　我らが意志《こころ》は霊化せば
作仏度生《さぶつどしょう》の願《のぞ》みもて　聖意《みむね》現《あら》わす身とはなる

南無難思光仏
甚深《じんじん》難思の光明を　至心不断に念ずれば
信心喚起《かんぎ》の時いたり　心の曄曈《あけ》とは成《なり》ぬべし

南無無称光仏

如来の慈光被《こう》むれば　七覚心《しちかくしん》の華《はな》開き
神秘の霊感妙《たえ》にして　聖《きよ》き心によみがえる

南無超日月光仏
智悲《みむね》の日月《ひつき》の照す下《もと》　光の中に生活《くら》す身は
聖意《みむね》を己《おの》が意《こころ》とし　三業四威儀《さんごうしいぎ》に行為《つとむ》なり

常恒不断に光明を発せられる**不断光仏**（経文の順序でいえば九番目、以下⑨）のおはたらきを受けて私どもの意志は仏道を求めて変化（意志霊化）いたします。弁栄聖者の原分類では不断光は次の「恩寵」に含まれますが、この不断光が発心修行の引き金になるという意味からここに掲げました。衆生は四弘誓願《しぐせいがん》にある如く作仏度生の菩提心を発《おこ》し、修行の道に気づき勇往邁進の決意を新たにいたします。（ここで「意志」ということが重要です。意志は力の源泉、また行動への原動力であります。一切知と一切能とをもつ如来においても一切能が意志となってあらわれ意志が心の力能となり、宇宙一大心霊の力能が客観として現われて物質を含む宇宙万有の造化となると考えられています。）すると**難思光仏**（⑩）のお導きで信心喚起のときとなり、五根五力などの準備（心に弥陀の聖容《みかお》をほのかにでも念《おも》い上げられるような状態になること）を経て本格的に修行の決心を固めます（恩寵喚起）。そして無称光仏（⑪）のお慈光をいただきながら、般舟三昧という大乗仏教の伝統に則って七覚支の階梯を一段一段前進して心の華が開いていきます（恩寵開展）。覚支とは、さとりを得るための手段とか悟りに向かう実践の諸徳目、などと説明されています。般舟三昧とは、諸仏現前三昧ともよばれ、目前に仏のましますことを信じて念仏三昧に入れば仏をまのあたり見ることができる、といわれ、弁栄聖者のご垂示にも「一念弥陀に在れば一念の仏　念々弥陀に在れば念々の仏、仏を念ずる外に仏に成る道ぞなし、三世諸仏は念弥陀三昧によって正覚を成ずと南無」と明かされている通りです。（いわゆる「弁栄聖者御垂示」の中の一句。『光明の生活』一七六頁に全文あり。『難思光・無称光・超日月光』二二二頁などにも。）

「念仏七覚支《しちかくし》」のお頌《うた》によりますと択法《ちゃくほう》覚支で阿弥陀仏に一点集中の的を定め（いつも弥陀の慈悲の聖容を忘れないように努力する）、精進《しょうじん》覚支で勇猛《ゆみょう》に身心弥陀を称念し、次第に心に喜覚支、軽安《きょうあん》覚支の手応えを覚えていきます。やがてお慈悲のみ顔を観たてまつる定《じょう》覚支にいたり、心は空となって入我我入の霊感に打ちふるえ聖き心によみがえります。この後の捨覚支と念覚支はいつも如来と離れることなくその光明の中に安住し、わが心と仏心とが通い合う境地が常となります。

かくして**超日月光仏**（⑫）の光に照らされて、如来の聖意《みむね》を己が意《こころ》として、自分のあらゆる時と場合にあって（三業四威儀に）正見《しょうけん》、正思惟《しょうしゆい》など八つの徳目をいう八正道《はっしょうどう》を通じて自利利他の行いに邁進する、通仏教的には菩薩の無住処涅槃の境地で日々菩薩道を実践することになります（恩寵体現）。

超日月光仏については通仏教的にはこのように菩薩の考え方と密接に関連するでしょう。しかし光明主義独得の「如来のお世嗣《よつぎ》」という考え方に留意しますと独自の考察が必要です。通仏教的な、四諦《したい》の道諦としての八正道の理解では充分ではありません。光明主義では仏眼開け、如来からの啓示を受け、さらにその相互関係が一層深まって窮極の立場に至るところ、具体的には念《ねん》覚支《かくし》の状態と入《にゅう》の位の啓示という最高最深の境地、そういう境地が如来のお世嗣としての有様《ありよう》なのです。本書本文に明かす起行の用心で至りつく行者の最終の境地、そこまでに仕上げて下さる光明が超日月光仏にほかなりません。

**恩寵**

南無清浄光仏
如来清浄《しょうじょう》光明に　我等が塵垢《じんく》は滌《そそ》がれて
六根《ろっこん》常に清《きよ》らけく　姿色《ししき》も自ずと潤《うるお》るれ

南無歓喜光仏
如来歓喜《かんぎ》の光明に　我等が苦悩《なやみ》は安らぎて
禅悦《ぜんねつ》法喜微妙《みみょう》なる　喜楽極《きらくきわ》なく感ずなり

南無智慧光仏
如来智慧の光明に　我等が無明は照されて
仏の智見を開示して　如来の真理《まこと》悟入《さとら》るれ

七覚支のプロセスは聖き心によみがえる道程ともいえますが、その道中にあってもいろいろ具体的なお慈悲が加わってまいります。もともと十二光明は衆生に対して常に十二光のすべてが一つも欠けることなく照らしておられるのが真実であります。衆生が念仏修行を始める前から不断光に照らされています故に、何らかの機縁に催されて念仏に気付き、作仏度生の菩提心を発《おこ》して念仏の暮らしに入り、次第に難思光、無称光の慈光に照らされてお育てを被るのであります。衆生の境涯によって、ある時は十二光のうちのどれかに強く照らされてその恩恵を感得する、というさまざまな受けとめをするのであります。凡夫は四苦八苦の有為の世に身をおいていつも諸々の煩悩に身を焦がしています。そのため凡夫の感覚は不浄にまみれ、また感情も苦悩に満ち、智慧なき愚痴に沈んでいます。この感覚を六根清浄へと浄めてくださる（感覚美化）のが**清浄光仏**（⑥）、苦しみと悩みの感情を喜と楽へと転じてくださる（感情融化）のが**歓喜光仏**（⑦）であります。このような過程で**智慧光仏**（⑧）の啓示によって四大智慧の開示悟入をうけて愚痴を離れ（智力霊化）、また身意柔軟の境地にも達していきます。如来の実相は四大智慧にほかなりませんがその智慧が円かにして遍く辺《ほと》りなく法界を照らすところを**無辺光仏**（②）といただきます。このようにして如来の智慧をいただきながら法界の偉大な真理の世界に一歩一歩招かれていくわけです。

南無炎王光仏
衆生無始《むし》の無明より　惑と業苦《ごっく》の極《きわ》なきも
大炎王の光にて　一切《すべて》の障《さわ》り除《のぞ》こりぬ

南無無対光仏
絶対無限の光明に　摂化せられし終局《おわり》には
諸仏と等き覚位をえ　大般《だいはつ》涅槃に証入す

無始以来の無明のために惑と業苦の世界に沈潜して迷いの輪廻を繰り返さざるをえなかった衆生は**炎王光仏**（⑤）の智慧の光で無明の障りをすべて取り除いていただきます。同時に念仏の衆生は如来の大慈悲の光明にひとしく摂取せられ**無対光仏**（④）のお力で極楽浄土のありさまを知り、またその浄土自体のおはたらき（土用）で臨終には如来の来迎を被りお浄土にて大般涅槃に入っていきます。弁栄聖者の『念仏三十七道品』のお話には、信心の念を発しながら（七覚支の）実がまだ結ばぬ人は浄土に胎生し、華開いて実を結び往生の因を完成した業事《ごうじ》成弁《じょうべん》の人は浄土に蓮華化生すると説かれています。

念のためですがこの無対光といえども摂化の終局にのみ照らしお働きくださるというのではなく、信仰のはじめから衆生は光明を被っていると考えるべきでありましょう。弁栄聖者は難思光、無称光、超日月光を修行の行儀分、または宗教倫理分とし、清浄、歓喜、智慧、不断の四つを光《こう》化《け》の心相《しんそう》として宗教心理分に入れ、次に述べます無量光、無辺光、無礙光を如来論の立場で論じておられます。つまり炎王光と無対光とをこの三分類に含めておられませんので昔からあれこれの議論があるようです。衆生が涅槃界に入っていく前にも光化の心相の基盤としてともに働いておられ、その上に、無対光は摂化の終局として涅槃界の様子を詳しくお知らせくださる光明として受けとめてはどうかと思っています。

## 如来の本体

南無無量寿仏
本有《ほんぬ》法身《ほっしん》阿弥陀尊　迹《あと》を十劫に垂れ在《まし》し
本迹《ほんじゃく》不二なる霊体の　無量寿王に帰命せん

南無無量光仏
十方三世《じっぽうさんぜ》一切の　法報応《ほっぽうおう》の本地《ほんじ》なる

独尊統摂《とうしょう》帰趣に在《ま》す　無量光を頂礼《ちょうらい》す

南無無辺光仏
如来無辺の光明は　四大智慧の相《すがた》にて
遍く法界《ほっかい》照しては　衆生の智見を明すなり

南無無礙光仏
如来無礙《むげ》の光明は　神聖正義恩寵の
霊徳不思議の力にて　衆生を解脱し自由とす

ここからは如来論です。上述のような如来大慈悲の衆生済度のプロセスは**無礙光仏**（③、用大）の霊徳の開展にほかならず、神聖正義恩寵の不思議なお力のお蔭でありまして、衆生は有余の自由と無余の涅槃に導かれていくわけです。

以上のことはすべて**無量寿仏**と**無量光仏**（①、体大）のお力によるものでこの二尊は無量光寿ともいわれるほど二而不二同体の如来さまです。**阿弥陀如来**、また**大ミオヤ**と尊称いたします。弁栄聖者の場合、**大ミオヤ**はいわゆる酬因感果の阿弥陀仏のことではなく本仏の阿弥陀さまです。その阿弥陀如来の本質は無量光、無辺光、無礙光をそれぞれ体・相・用として説明されますが、体は法身徳、相は般若徳、用は解脱徳の表れであります。ここで「相」の**無辺光仏**（②、相大）とは四大智慧を表わしますが、この聖者の四智論は（阿弥陀仏の仏身観とともに）全くユニークで、通仏教的な唯識説の転識得智の四智ではありません。聖者の四智の概略、特徴は先に簡単に説明しました。

ここで無量光仏の理解について念のためひと言申し添えます。無量光仏の讃頌に「十方三世一切の　法報応の本地なる」とありますが、ここでの「法報応」は諸仏のことで、もとは凡夫であった者が如来のお育てを被って成仏された方々、すなわち本仏に対する迹仏、という意味であります（『笹本戒浄上人全集』上巻、八七頁）。「弁栄聖者御垂示」の「三世諸仏は念弥陀三昧によって正覚を成ずと南無」の諸仏のことで、その本地仏が無量光仏であるということです。大ミオヤが「法報応」の三身即一であるという趣旨は、礼拝儀では「至心に帰命す」の祈祷文に書かれているところです。

光明大系チャート　光明主義の教えの俯瞰図

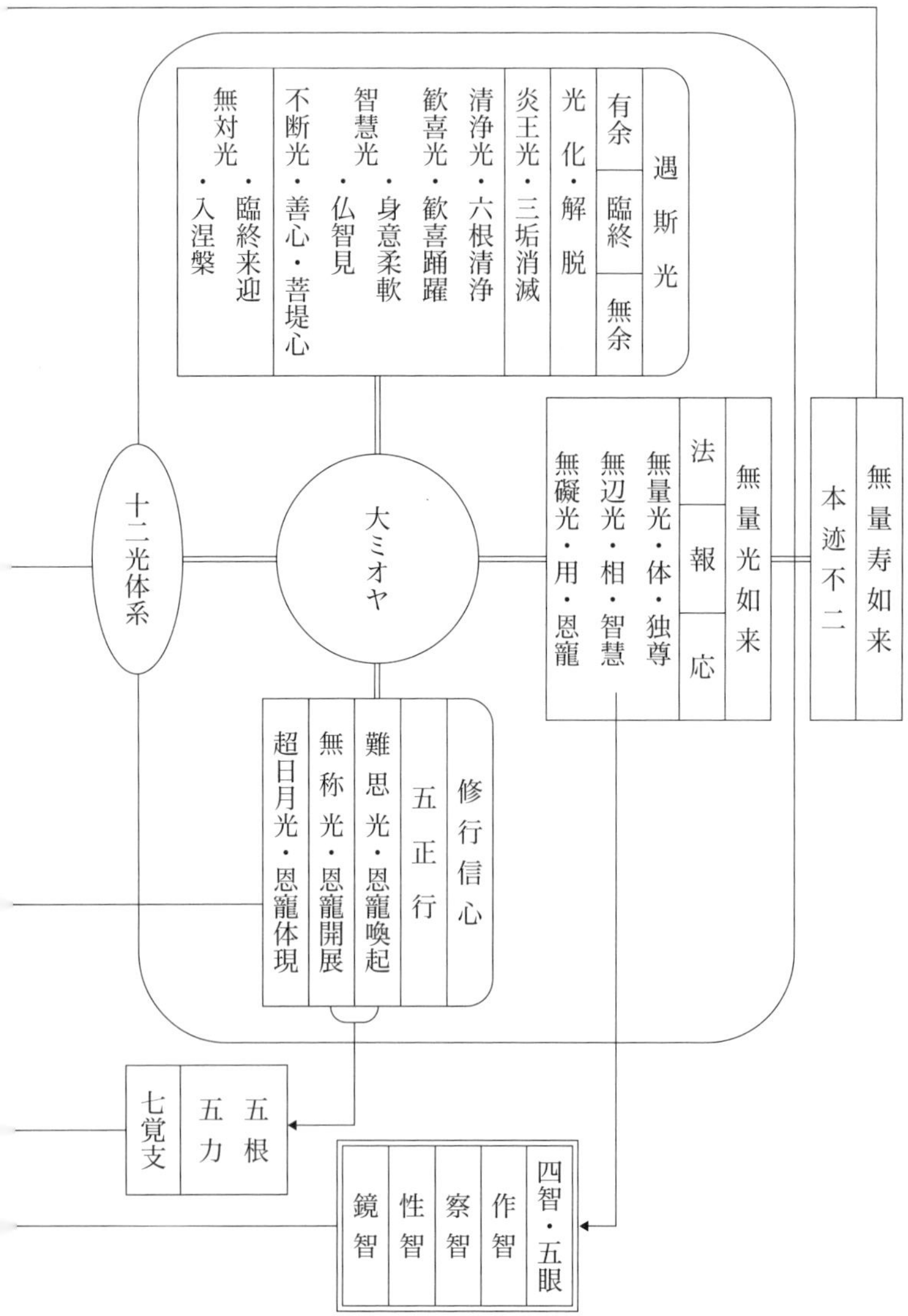

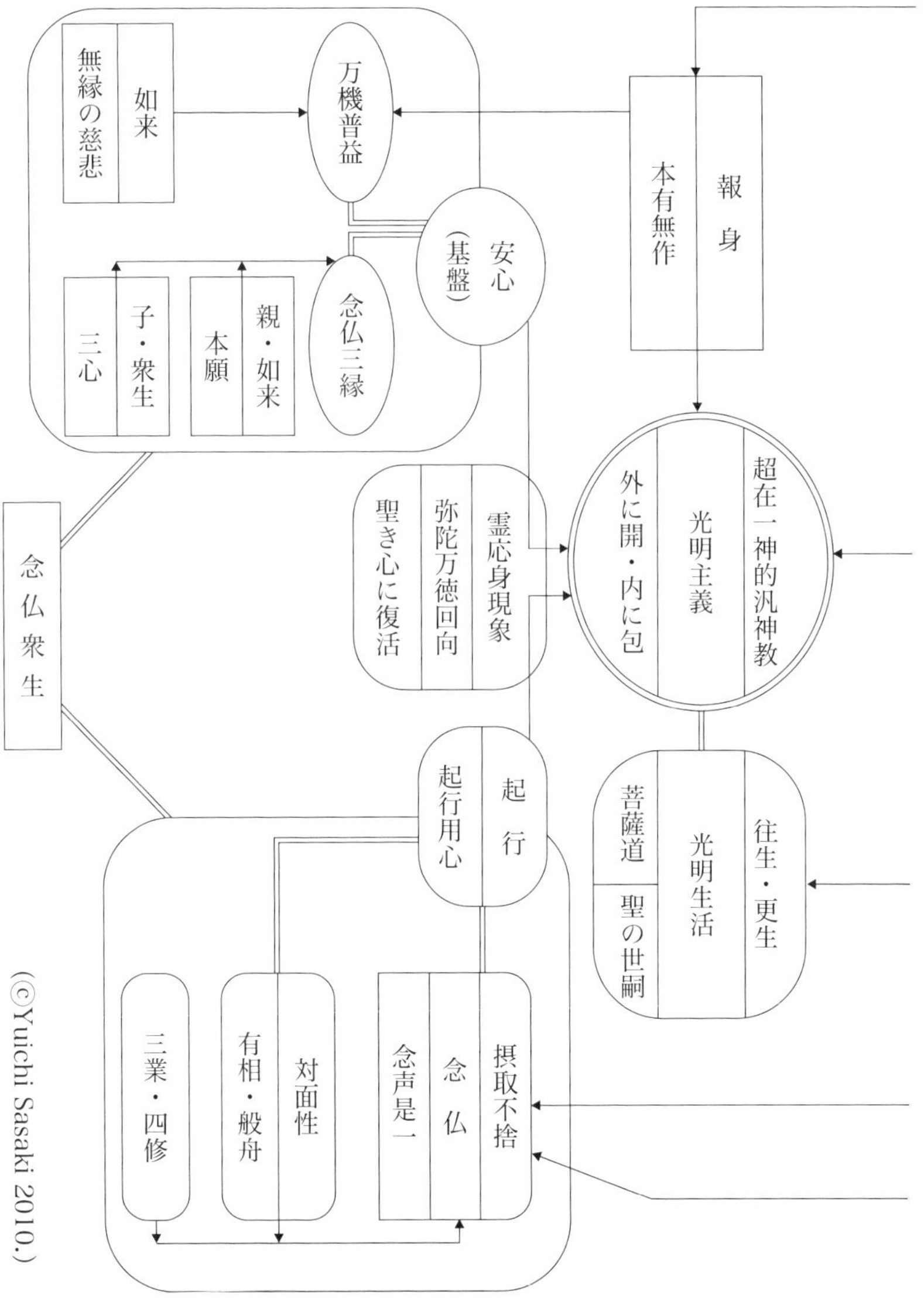


(©Yuichi Sasaki 2010.)

# 第一章　円具教——弁栄聖者の五種正行と念仏三義

## 一　五念門と五種正行

浄土教の伝統的な行法としては五念門《ごねんもん》、五種正行《ごしゅしょうぎょう》というのがよく知られています。詳述は控えますが次のような骨子です。

### 五念門

インドの世親《せしん》（四～五世紀）が『往生論』において説き、日本の源信《げんしん》（九四二～一〇一七）が『往生要集』において引き継いだ行法であります。五念門とは礼拝門《らいはいもん》、讃歎門《さんだんもん》、作願門《さがんもん》、観察門《かんざつもん》、回向門《えこうもん》の五で、五念門の行を修して成就すれば安楽国土に往生して阿弥陀仏を見たてまつる、と説いています。特徴的なのは作願門と観察門で、前者は一心に専ら安楽国に往生せんと念じてシャマタ（止の行）を修行すること、後者は智慧をもって安楽国を観察すること、すなわちヴィパシャナー（観の行）を修行すること、とされています。そしてこの行法に対応して一七種の国土（極楽浄土）荘厳《しょうごん》、八種の仏荘厳、四種の菩薩荘厳という三厳二九種の荘厳が観察の対象として具体的に華麗に描写されているのです。

### 五種正行

善導《ぜんどう》大師（六一三〜六八一）は『観経四帖疏《かんぎょうしじょうしょ》』の散善義において五種の正行を説き、法然上人（一一三三〜一二一二）に受け継がれています。読誦、観察、礼拝、称名、讃歎供養の五でありますが、称名を正定之業として最も重視し、他の前三後一の行は称名を励ます行、すなわち助業とされています。注目したいのは観察で、善導は「一心に専注してかの国の二報（阿弥陀仏、菩薩の正報と極楽浄土の依報）の荘厳を思想し、観察し、憶念す」と記しています。法然上人は観察の意義についてこれをそのまま引用しておられます（『選択集』第二章）。

### 弁栄聖者の五種正行

善導、法然二師の文についてはは幾多の解説書がありますが、とくに観察の解釈がやや曖昧ではないかと思われます。五念門では難易の問題は暫く措くとすれば、作願と止、観察と観が明確に対応しています。しかし五種正行の観察の解釈は、後世になるほど明快とはいえないようです。かくして、たとえば念仏の三縁、とくに近縁《ごんえん》の理解が曖昧化せざるをえず、『観経』の「阿弥陀仏去此不遠」の意味が難解となります。浄土教の発展・大衆化の一面ともいうべきでしょうか。

この点弁栄聖者の五種正行の新釈はすこぶる明快で、善導の「念声是一」を踏まえつつ、いわゆる光明主義の行法心得（安心起行と起行の用心）に一貫直結していささかの隙間もありません。

善導大師の「古今楷定《ここんかいじょう》」（古今の説の誤りを訂正）の勇断、すなわち「念声是一」の真義については姉妹書『近代の念仏聖者　山崎弁栄』に詳述しています（第三章「大ミオヤの発見」のうち「光明主義の皮肉骨髄」の項、一三三～一三九頁）。称名念仏の相続によって憶念念仏に転化しやがて念仏三昧に入っていく、その体験の不思議、即ち念声是一の念仏において初めて「名体不離」の宗教的神秘が縁起し、顕わになっていくと考えられます。その縁起の道筋がそのままに明かされているのが弁栄聖者の五種正行の新釈で、次の通りです。（『人生の帰趣』、四八六～四八八頁）

「唐の善導大師は五種正行をもって心霊を養い信念を長養する資糧と定められたり。五正行とは一礼拝、二読誦、三観察、四称名、五讃歎供養の五行である。

（1）礼拝正行とは自分はすでに弥陀の子である。この聖《きよ》き心を養うことはあたかも食物をもってこの身体を養うのと同じことである。礼拝とは、あるいは教会にて衆と共に礼拝し、または朝夕礼拝式によりてこれを行うことは、朝夕の食として聖き心を養うのが目的である。故に至誠《しじょう》信楽《しんぎょう》の心をもって行うべきである。礼拝のときは親しく如来の慈悲の温容に接し如来の大慈愛がわが心に充ちたまうことを念じ、要するところは如来の聖意《みこころ》と御力《おちから》とをわが心に充実せしむるところにある。己《おの》がすべての汚れたる心を捧げて如来の清き聖心《みこころ》に換えていただくところにある。

（２）読誦正行とは聖教を読みて自己の心霊を開発するにある。浄土教は釈尊が自己の心霊界の実験を啓示したるものなれば、しばしば読むときは自己の心が開かれて霊界に導かれる。たとえばかの仏の光明無量にして十方の国を照らしたまうに障礙するところ無き故にアミダと名付く。また極楽国土には常に天楽を作《な》す黄金を地とせり、昼夜六時に曼荼羅華を雨《ふら》す、等の言《ことば》にこちらの心もやはり如来の中に安住するの想い、また極楽の園林に逍遥するの想いを起す。または是《この》心仏を作り是《この》心是《これ》仏なり諸仏正遍知海は心想より生ず、等の金言に誘われて我心も仏心に相応せしめんと想うように為る。経を読むもまた師友知識から如来の真理を聞きえて信を取るも要するに自己の信念を開発し成就せしむるを目的とす。

（３）観察正行。瞑想観念をもってあるいは仏の相好光明を観察し、または浄土の荘厳の相を憶念し、行住坐臥に観念するときは、始めには想像に見え、または常に如来と共に在《あ》って離れざることを想い、水を静めて月を浮かべるごとく明鏡に面像をうつし見るごとくに仏の慈悲の御姿《みすがた》を映現《ようげん》せしむるのを観察正行とはいう。

（４）称名正行。称名にも三の意がある。請求《しょうぐ》と感謝と讃歎《さんだん》とである。請求というは如来の救霊を仰ぐこと、また光明の摂取を求むること。感謝とは如来の本願力に救われて御慈悲の懐に抱かれあることをありがたく感じて謝すること。（讃歎念仏とは）称名亦念仏三昧ともいう。衆生一心に仏を念ずれば仏心が我心に入り給う。我心は仏心の中にあり。衆生心と仏心と融合して三昧の妙境に入る。

（5）讃歎供養正行。新しき讃歌をもって如来の聖徳を讃歎し、讃歎するに自己の心も如来の妙境にみずから逍遥するに至るときに情調において不思議の霊感を得られる。供養とは珍膳美味および香華灯明等の供養最上なり。供養は自己の身心をすべて献げる心をもって仕え奉るにある。

上来の五種の正行は心霊を養う糧である。真実の信を得んがためには至誠心でなければならぬ。

初めのほどは自己の心と法とよく調和が出来ぬ故にさほどに妙味を感ずることがない。そこが修行である。ますます進むに随って深く深く信心増長して霊感極まりなきを覚えるようになる。この五正行は信心喚起のためばかりでなく心霊を養う糧となれば終身捨てることはできぬ。いな、みずから好んで止めることは出来ぬようになる。」

以上が弁栄聖者流五種正行の新釈でありますが、次の二点を補足しておきたいと思います。

第一は五種正行のうち称名を正定之業とし、他の四は助業として、助業は称名を助け励ます故に、とされるのが伝統的な解釈です（正助分別）。しかし上記のような新釈をもとに実践するとなれば、いずれも念仏者の知情意の全般に広く働きかける全身的な修行となり、ともに正行としての性格を濃厚に保持するものと解すべきであります。知のためには読誦が、情のためには讃歎供養が、意のためには礼拝、などが力を添えてくれるでしょう。称名は但信口称ではなく憶念に至る称名でやがて観察とも一体化していきます。このように考えますと五種正行のすべてが相俟って往生（心霊開発）に直接にも間接にも関係寄与しているとみることができるように思われます。いわゆる助業は往生を助ける業であると共に正定之業の称名念仏をも助ける両面をもつものと思われます。往生業としての称名念仏に不足があるというのではなく、より多角的全面的に往生のための行が見いだされ実践されていくということであります。

第二は五種正行と五根五力七覚支との関係であります。五種正行は聖者によれば「安心起行の形式」であります。念仏者は「霊応常住《とこしなえ》に我心《わがこころ》殿に在《まし》まして転法輪《たかきみちびき》を垂れ給え」と勧請し、諸根悦予、姿色清浄、光顔巍巍たらんことを高く目指して念仏に励みます。形式はすなわち目的のための枠組み、ＷＨＡＴ、であります。その目的を達する方法、ＨＯＷ、が「起行の用心」であり、三十七道品、端的には五根五力七覚支がその内容であります。このような「起行の用心」を修行体系の大きな柱として別立し、かつ重視するのが円具教実践の特徴であり、後に「第四章　聞くならく起行の用心」において詳述します。

八正道は四諦の教えの道諦として理解するのが通仏教的な受けとめ方ですが、弁栄聖者の場合はここでも独得の解釈が特徴的です。七覚支によって衆生済度の準備、体制を整えた、菩薩行実践の完成態、すなわち極めて高度な悟り体験を前提とした衆生済度の実践道、といえるでしょう。

七覚支までの救我《くが》の行によって聖《きよ》き心によみがえり、かくして如来の聖意《みむね》を己が意《こころ》として度我《どが》にいそしむ、すなわち聖《きよ》き世嗣《よつぎ》としての道を一歩一歩進めていく、これが念仏者の至高の目的であります。窮極的には無住処涅槃への指向であります。

弁栄聖者流の五種正行の形式と弁栄聖者流の五根五力七覚支を起行の用心とする一連一体の仕組みが念仏修行の要諦であり、金科玉条の車の両輪であります。かくてこそ形式と方法が合目的的に合一整合されるのであります。

## 二　憶念念仏（三昧念仏）と円具教

以上のように念仏修行の形式と内容を考えますと、光明主義の念仏の特徴がいっそう明らかになってきます。前記「称名正行に三の意あり」について少し詳しく触れておきます。「念仏三義」と題する聖者のご文章を抄し、その中の「当流（光明主義）の念仏」から導き出される独自の宗教の位置づけ、すなわち「円具教」なる信仰体系が生まれてきました。弁栄聖者の光明主義は学問的には超在一神的汎神教といわれますが、信仰の宗教としては円具教という表現が誕生したのです。

## 念仏三義

「鎮西流《ちんぜいりゅう》には請求。真宗感謝。当流三昧。

念仏の要は仏心と衆生心とが合一する所にあり。ここに救済、融合、霊化等の功能《くうのう》がある。念仏三昧を宗となし往生浄土を体となす。仏心と衆生心とが完《まった》き結合をなすときに、仏心は増上の力が強きゆえに衆生心を同化す。……仏と衆生が合意するところに、霊感あり、生命あり、力あり。

**鎮西流**はこの合一を未来に期し、仏は西の彼岸に置く。……助け給えと常に念仏し念仏の数を定めて歩々進む。……平生の念仏は臨終一刹那の結合の契機を正当にせんがためにす。もしこの一刹那に契合せざれば生涯の無数億万の念仏ことごとく徒労に帰す（このため、多念義で知られる隆寛《りゅうかん》〈一一四八～一二二七〉は臨終の正念に悔いを残さぬために生前の多念精励を説いた）。平生には我と弥陀とは結合せぬ。聖霊感もなく妙味もなく、ただ労を惜しまず念仏するを本務とす。

**真宗**にては衆生には仏性もなく力もなく、ただ有るものは罪悪充満、ただ地獄に堕落するほかなき聚合煩悩にすぎず。かかる罪悪の凡夫のために阿弥陀五劫に思惟し永劫に苦行す。ひとえに我らが堕獄の罪を贖わんがためなり。我らを救済するの願行、すでに十劫前に成就して摂取の光明常に衆生を照らし給う。……弥陀の願意を疑いなく、慮《うらおもい》なく、仰いで信受してこれを会解《えげ》するとき、歓喜無量……すでに身はここに在りながら正定聚《しょうじょうじゅ》（仏と成るに定まっている身分）に住す。故にすでに救われたる身であるから、過去を追回《ついえ》して（救われた過去に思いを回らして）感謝の念仏をすべし、と。弥陀の大願に帰すれば罪悪もあえて恐れることなし、ただ報恩念仏すべし、と。

鎮西は未来に合一を求め、真宗は過去すでに合す、追回報恩のほかに念仏の要なしとす。……いずれも未来と過去とにのみ中心を立てるが故に正中を得ず。

**当流**はその中流に立ってしかも両端を統べる念仏である。しかしながら弥陀と衆生との合一を得るまでは鎮西のごとくもしは念仏し、もしは讃頌し、師友知識の指導を仰ぎ、弥陀との正当の合一を期す。……永劫に弥陀と離れず。過去を追わず未来に恃《たの》まず。念々ただ即今の当念、とこしえに弥陀と合一す。常に弥陀無限の泉源より自己心中にこんこんとして霊泉湧出す。これ念仏三昧である。三昧とは過去に非ず、未来に非ず、即今当念弥陀と合す。念々ただ当念、たとい無量劫を経るとも常恒の当念弥陀と共にす。……

常恒に過去未来を統べる現在当念を尊しとす。念々当念弥陀に在りて弥陀の霊力をわが当念に実現す。

当念を離れずして念々向上す。未来未来に向かって前途に希望絶えることなし。高遠なる理想は当念を離れず実現せんとす。弥陀は常恒不断の大活動態なれば念々常恒に当念を尊ぶものに霊力を施す。

……過去の恩を報ぜざるに非ず未来の力を要せざるに非ず。ただ現在即今の当念、絶対無限の光を小さき吾人の心意に使用する。

即今当念弥陀合一の念仏。これ霊感である。」（以上『無対光』、一六七～一七〇頁より抄）

「当念」について、「実体は絶対にして時間の形式を超ゆ。過去に非ず現在に非ず未来に非ず、三世当念絶対同時態なり。」（『ミオヤの光』第二巻、七七頁、「光寿の巻」）また、「常恒不断の大活動態なる弥陀は念仏の絶対本尊として、念々常恒に当念を尊ぶものに、大霊力を発現して光明摂化し給う」のであります（笹本戒浄上人『光明主義注解』、四七七頁）。

## 円具教

光明主義の念仏によって期するものは「現在《このよ》を通じて永遠の生命を求めるのが目的（所求）である。罪悪の我は清められ、暗黒の生活《くらし》を転じて光明の生活に入り、現在《このよ》から通して永遠の生命《いのち》に入ることを目的とす」（『大霊の光』）と弁栄聖者は規定し、これを「円具教」と呼ばれたのです。光明会の二祖、笹本戒浄上人によれば円具教は「円満具徳教」の謂いであり（『しのび草』、二七頁）、また「縁起と実相を総合調和した円満な教え」と説かれています（『同上人全集』下巻、五五三頁）。

「今現在のかたちの上の身もこの世界のことも永遠の頼みとなるものではない。肉眼で見える世界はどこまでも当てになるものでない。よって大ミオヤさまの御聖旨《みむね》のましますを方を極楽浄土という。その極楽浄土は絶対的に生死のない処である。その常住不滅の浄土を帰着する処と定めるのである。さればとて、死して後ちということはない。真に大ミオヤの如来がよく信じられれば、眼を閉じて深くよく感じてみれば此処《ここ》がやはり如来の大光明の中であり、大光明の中に正しく安住する精神となれば、たとえ身体は仮の身であろうとも、精神は極楽の光明界に棲みあそぶ想いとなり、真に信仰出来れば、肉眼では娑婆に居るものの、心には浄土に安住する理想となる。そしていよいよ命終わりぬれば、いままで理想に見ておった浄土が今度は現実になってくると信ずるのである。もしこの信仰ができれば、身体は死しても心霊は永遠に不滅となるのである。」（『炎王光』、四四頁）

これを最も的確簡潔に表現したものが次の頌であります。

## 光を獲《う》る因《ちなみ》

「もし人如来《みおや》のみ光の　威神《みいず》の功徳《ちから》を聞きまつり　日夜不断《よをひにつぎ》て聖名《みな》を称《い》い　行住坐臥憶念《たちいおきふしおもい》てぞ
三昧《さまや》に神《こころ》をこらしつつ　聖旨《みむね》の現われ祈りなば　恩寵《めぐみ》の光に融合《とけお》うて　聖《きよ》きこころに復活《よみが》えり
有余《うよ》の依身《このみ》を捨てずして　楽しき園に棲《す》みあそび　いよよ天分《つとめ》を果す日は　真実報土《みおやのもと》に入《い》りぬ
べし」（『礼拝儀』所収の聖歌）。

この教えでは宇宙全体が、通じて絶対の大霊《みおや》であると見ます。そしてこれが二面に現われていると見る、一面が自然界、他面が心霊界であるが、相即し相入し、重重無尽に重なっている、とみるのです。

自然界の常識では、ものとものとは同一時に同一場所を占めることはできません。物体は特定の場所を占めて他のものを入れず、その意味で他のものをさまたげる、これを「質礙《ぜつげ》」といいます。これが常識ですから事事無礙《じじむげ》とか重重無尽《じゅうじゅうむじん》とかが容易に理解できないのです。

人間が人間として阿頼耶識《あらやしき》がつくり出す肉眼でみる限りは「質礙」の自然界しか見えませんが、五眼（肉眼と心眼―天眼、法眼、慧眼、仏眼）まどかに開かれたときは、自然界の上に重なって涅槃界が存在するということがわかるのです。大乗仏教は現世においても真如と現象が不可分に相即しているとみるそのように、五眼でみれば事事無礙、重重無尽の世界にほかならないのであります。『観無量寿経』が「世尊、イダイケに告げたまわく、……阿弥陀仏、此を去ること遠からず。汝まさに念を懸けてあきらかにかの国を観ずべし。……その光明相好および化仏、つぶさに説くべからず。ただまさに憶想して心眼をして見せしむべし」と説くような世界であります。

円具教が可能となるのは縁起の原理（有無生滅の伴起、般舟三昧の真実）の故に、であります。三昧によって如来と合一し（念声是一、感応道交・仏入我我入仏、名体不離）、如来の智慧の啓示を受ける、この一連のことを一切経を読了された弁栄聖者はみずからの実証による帰納的教理として発見されたのであります。

この点を出来るだけ具体的にお伝えしていくのが本書の目的でありますが、要は「起行の用心」ということの重要性であります。

「念仏三昧を修して三昧相応し信念到るところに大観念の窓は開かれん。称名はこの関門を叩くの声なり。憶念はこの宝蔵を開くの宝鑰《ほうやく》（大切な鍵）なり。もし念仏三昧の鍵を用いずば、如来の一大観念界の門は開くべからず。この秘密の蔵を開くにあらざれば蓮華蔵界の法界宮に到ること能わざるべし。」（『光明の生活』、一三九頁）要するに「称名は極楽の門を叩く声、憶念はこの門を開く鍵である。……命がけで称名しましても活きた如来様を憶念しておりませんと念仏ではありません。如来様を憶念する時の精神の集中の仕方、ミオヤをお慕い申してお育てを蒙る一念一念の精神統一の仕方が起行の用心であります。」（『笹本戒浄上人全集』下巻、一六八頁）

なお円具教と対比される信仰体系は自然教と超自然教という教相判釈です。

因みに宗教とは「生まれ生まれ生まれ生まれて生の始めに暗く、死に死に死に死んで死の終わりに冥し」（空海『秘蔵宝鑰』）、また「独生独死独去独来」（『無量寿経』）の問いかけに答えを出してくれるもの、といえるでしょうか。

## 自然教

「自然教は神を自然の中に認め、日月星宿を神とし高山深池に霊《かみ》ありと思いてこれを信頼し、病気を癒し災難を除き得るものとし、すべて肉《かたち》の幸福―現世利益―を目的（所求《しょぐ》）とする信仰」（『大霊の光』）。

「迦微《かみ》とは尋常《よのつね》ならずすぐれたる徳《こと》のありて、可畏《かしこ》き物」（本居宣長『古事記伝』）。
「何ごとのおはしますかは知らねどもかたじけなさに涙こぼるる」（西行）
稲荷、八幡、天神、御霊など
ご先祖さま（個）↓祖先（集合）
他界信仰（柳田國男『先祖の話』）（古代インドの須摩提《しゅまだい》神話も）
自然教の神観念としては神道のそれが典型的と思われます。

## 超自然教

「典型的なのは、神はこの世界を超えた高遠なる天上におわし、自然界は神に造られたものにて、人類の祖先が神に背き侵した罪はその子孫に及び人間は堕獄すべき罪を負うている。けれども神の戒律《おきて》を守りたるものは義として救われ死後は天国に生ずとはユダヤ教の教え。仏教でも現世は罪悪衆生の業《ごう》により感《う》けている国土であるから衆苦充満し、此処《ここ》を厭いて仏の所感《つくりなす》なる浄土を欣求《ねが》いその仏力を仰いで帰命信頼《たのむ》ときは、未来にその浄土に生れる、と。これらは現世界を超えたる天上または彼岸において死後の福祉を宗《むね》とす。故に超自然教とす。

現世の幸福を求めるのは本意でなく、未来の上天安楽《ごくらく》を欣求するために信仰するのが目的（所求）となる」（『大霊の光』）。
「西方十万億の仏土を過ぎて世界あり、名付けて極楽という。その土に仏まします、阿弥陀と号し奉る」(『阿弥陀経』、『無量寿経』)が思い浮かびます。

なお以上のような宗教の三つのタイプに関する聖者の論考は詳しくは『無量光寿』(一八七〜二一九頁)、略述は『大霊の光』参照。

# 第二章　般舟三昧

## 一　念仏はなぜ易行なのか

大乗仏教が生まれると、しばしば簡単な二分法で各派の特徴がいわれてきました。例えば次のような比較です。

難行（龍樹）―自力（曇鸞）―聖道門（道綽）―天台宗、密教、禅宗など。

易行（龍樹）―他力（曇鸞）―浄土門（道綽）―浄土教（念仏門とも）。

かっこ内はその唱道者で、龍樹《りゅうじゅ》は八宗の祖といわれるインドの菩薩、曇鸞《どんらん》は南北朝、道綽《どうしゃく》は隋・唐代の浄土教僧です。

龍樹菩薩は仏の名を称えて憶念すること、すなわち念仏は易行であるというのですが、それはどのような教えでしょうか。詳しくは拙稿「仏力と易行ということ」（『ひかり』2013／6〜12号参照）に譲りますが、龍樹（一五〇〜二五〇頃）は『十住《じゅうじゅう》毘婆沙論《びばしゃろん》』（鳩摩羅什〈三五〇〜四〇九頃〉訳、ここで十住とは十地の意）において次のように論じます。

「仏法に無量の門あり。世間の道に難あり易あり。陸道《ろくどう》の歩行《ぶぎょう》はすなわち苦しく、水道の乗船はすなわち楽しきがごとし。菩薩の道もまたかくのごとし。或いは勤行《ごんぎょう》精進《しょうじん》する有り、或いは信方便《しんほうべん》をもって易行にして疾《と》く阿惟越致地《あゆいおっちじ》（初地、見道、通達位）に至る者有り。」（「易行品」）

龍樹によれば、菩提心を発してそれを持続していくこと自体が並大抵のことではありませんが、それはそもそも初地に入るための修行がそれほどに至難なことであるからです。つまり「勤行《ごんぎょう》精進《しょうじん》」の道の困難さであります。龍樹はつぎの八法を具しおわって初地に至るといいます（「入初地品」）。すなわち、

「厚く善根（貪恚癡《とんいち》の三毒のないこと）を種《う》え、
善く諸行を行じ（持戒）、
善く諸々の資用（仏道のための補助、ここでは他の七法のこと）を集め、
善く諸仏を供養（法を聴聞、華香を奉献、礼侍など）し、

善知識（大乗の指導者）に護られ、
深心（二種深信に開く深心ではなく、大願を発《おこ》し必定地に入らんとねがう心を初地の深心の相という）を具足し、
悲心（衆生を憐れみ苦難を救済する心）あって衆生を念じ、
無上の法を信解す。
この八法を具しおわってまさにみずから発願して言うべし。
われみずから度することを得おわって、まさに衆生を度すべし、と。」

八法とは要するに「戒定慧の三学」のことでしょう。

さて易行とは何か。以下「易行品」の骨子。

易行が説かれる前に、安易にやすきにつけばよいというものではない、それなりの覚悟をもって承るべし、とクギをさすことから始まります。

「しかし、汝もし必ずこの方便を聞かんと欲せば、いままさにこれを説くべし」

といいます。本気で聞いて実行する覚悟があるならば、という念押しです。そして有名な先の一句――陸行と水行の一句――をいいます。

（十方十仏章）

まず十方の十仏、たとえば東方の善徳仏などの名を挙げ「かくのごとき諸々の世尊は今現に十

方にまします。もし人疾く不退転地に至らんと欲せばまさに恭敬心をもって執持して名号を称すべし」と勧めます。宇宙の東西南北等のどこにいても仏は十方にましますので衆生はその仏の名を称することができます。

（弥陀章）

この十仏以外の仏菩薩の名を称えて初地に至ることができますか、との問いに答えて弥陀章がはじまります。

「阿弥陀等の仏及び諸々の大菩薩あり、名《みな》を称して一心に念ずればまた不退転を得。さらに阿弥陀等の諸仏あり、またまさに恭敬し礼拝してその名号を称すべし。今まさにつぶさに説くべし。無量寿仏・世自在王仏（とつづいて百七番目の）宝相仏（まで列挙され）・この諸々の仏世尊、現に十方の清浄世界に在《いま》す。みな名《みな》を称して憶念すべし。阿弥陀仏の本願はかくのごとし。もし人われ（阿弥陀仏）を念じて名を称し自ら帰せばすなわち必定に入り阿耨多羅《あのくたら》三藐《さんみゃく》三菩《さんぼ》提《だい》（無上正等正覚）を得んと。この故につねにまさに憶念すべし。偈《げ》をもって称讃す。」

## 二　『般舟三昧経』（はたらいて来る仏の三加被力《かびりき》）

『般舟三昧経《はんじゅざんまいきょう》』は紀元前後、または紀元後一世紀ごろに成立したとされ、漢訳も後漢当時（二世紀ごろ）の支婁迦讖《しるかせん》訳（三巻本）が伝わりますから漢訳大乗経としては最古クラスの一つといえます。般舟とは梵語のプラティウトパンナの音写で、「対して近く立つ」の意とされます。般舟三昧は「諸仏現前三昧」とか「現在（諸）仏悉在前立三昧」と訳されることが多いようで、諸仏の現前、なかでも阿弥陀仏が今現に面前にましますことを念ずる行法を説く経典です。その「行品第二」に最も注目すべき内容が説かれています。いくつかの経文を引いてみますと、

「……仏を見たてまつらんと欲せば即ち仏を念ぜよ。……

阿弥陀仏、今現在したまうを念じ、所聞に随って当に念ずべし。……

一心に念ずること、もしは一昼夜、もしは七日七夜、七日を過ぎて以後、阿弥陀仏を見たてまつる。……

仏身に三十二相あって悉く具足し、光明徹照し端正無比にして比丘僧の中に在って経を説くことを念ずべし。……

仏、いずれの所より来り、我、いずれの所に到るとなしたまう。自ら仏を念ずるに従来する（どこかから来た）ところなく、我もまた所至（どこかへ行くこと）なし。……

彼の間の仏刹に生じて見るにあらず、すなわち是の間において坐《いなが》にして阿弥陀仏を見たてまつる。……

念仏を用うるが故に空三昧を得。……

是の三昧を証すれば空定となることを知る。……

是の三昧は仏力の所成なり。仏の威神（力）を持って三昧の中に於いて立つ者、三事あり。仏の威神力を持ち、仏の三昧力を持ち、本功徳力を持つ。この三事を用うるが故に仏を見ることを得。……

心、仏と作《な》る。心、自らみる、心は是れ仏心なり。……」

（支婁迦讖《しるかせん》訳『般舟三昧経』「行品第二」より抄出、望月信亨国訳）

因みに『観無量寿経』に「諸仏如来は是れ法界身なり　一切衆生の心想の中に入りたまう　是の故に汝ら心に仏を想う時　是の心即ち是れ三十二相八十随形好なり　是の心仏を作る　是の心是れ仏なり」という経文があります（像想観）。

いずれにしても仏力が衆生の上に働きかけてくることは大乗仏教の根本原理とも言うべき縁起・空の立場と不可分に結びついた如来の大慈悲といわねばなりません。

## 三　回向

個々の現象は縁起所生のものであり変化してやまない世界ですが、その本質をなす真如・空性は常住不変であり、しかも現象と真如が別々にあるのではないというのが仏教の世界観であり大原則です。空でありつつ働きがあり、働きがありつつ空である、ということを「真空妙有《しんくうみょうう》」といいます。鈴木大拙師はさらに一歩踏み込んで空の世界にこそ大悲の働き（妙用《みょうゆう》）が豊かに湧き出すのだと「真空妙用」ということを強調されました。このような空の働きは「空用《くうゆう》」ということも出来（山口益ほか『仏教学序説』、一三九頁〜）、いわゆる他力の働き（他力の化用《けゆう》）とはこの空用にほかならないと考えられます。哲学的には空用、宗教的には妙用ということでしょうか。

仏身論の他受用身という考え方も仏の功徳が空定を介して菩薩に及ぶ（回向）ということでありますが、この関係を次第に「摂取」という救済へ寛大化、いいかえれば進化発展させてきたのが仏教の歴史、発達史ともいえましょう。

仏の加被力があらわに衆生にみられることを顕加といいますが、仏・菩薩から人知れぬ冥々《みょうみょう》のうちに加護を受けること（冥加）もあります。天台宗の『法華玄義』には機と応と顕と冥を組み合わせて四通りに表現しています。顕機とは現世で積む善のこと、冥機は過去世に積んだ善で、この二つの機に顕応と冥応があるといいます。顕応は仏に会うなど目に見える形の利益があること、冥応は仏がひそかに衆生の能力に応じて利益を垂れることでしょう。顕機顕応から冥機冥応まで、ともかくも仏力は加わってくるものと信じることが第一です。その場合いずれにしても仏力がはたらいてくるには衆生の側の、仏に対する称名、憶念、恭敬、礼拝等、つまるところ帰依の心あってのことということが忘れてはならないことであります。

『般舟三昧経』が明らかにしたことは要するに回向ということでもあります。亡者への手向けが往々にして回向と受けとられているのが今日の事情ではありますが、本来の回向とはもっと幅広い意義をもっています。パリナーマナーというのが原語で、変化・転換という意味であり、仏教史的には因果応報、自業自得という業報・輪廻の原理を破り、超える考え方として注視すべき教理であります。

『無量寿経』の古型とされる『大阿弥陀経』という経典があります。紀元頃の成立とされますが、このなかに、法蔵菩薩は無量（兆載永劫）の修行を積んで阿弥陀仏と成りますが、その自己の善業と修行の功徳を善人ならざる人に回向して、彼を仏の国に生まれさせる、とあります。善人ならざる人が地獄ではなく仏の慈悲によって安楽国（極楽）に生まれるのでありますから、明らかに輪廻の原則は破られています。

回向の転換には二つの型があるとされます（梶山雄一『さとりと廻向』、五四頁〜、一六二頁〜。他文献の記載も多し）。

一つは「方向転換」の回向です。自己の功徳を他へ振り向ける。自作《じさ》の功徳を他が受ける、つまり自作他受《じさたじゅ》ということになります。

第二のタイプは「内容転換」の回向です。たとえば『小品般若経』は「布施ないし禅定の五徳目が一切智に回向されて布施波羅蜜ないし禅定波羅蜜になる」、すなわち「成熟させられ転換されて、出世間的な超越的なものに転化する、と表現しています。布施、持戒、忍辱、精進、禅定、般若の六波羅蜜は菩薩の修行徳目としてあまねく知られるところですが、この徳目は一つ一つがそのままでは世間的、宗教的な善行にすぎません。ところが般若（智慧）波羅蜜は「智慧の完成・完全なる智慧」であり、それは空の智慧、無上にして完全な智慧であり、仏陀の一切智にほかなりません。すなわち一切智という出世間的な空の智慧によって昇華されることによって、他の、すべて単なる善行であったものが出世間的・超越的なもの、つまり空の働き、仏陀の働きに転化するというわけであります。

回向による救済の典型は阿弥陀仏の働きです。伝統的な解釈によれば、阿弥陀仏は自己の功徳を衆生に回向し（方向転換、自作他受）、衆生はそれによって極楽浄土に往生し、やがて成仏する（内容転換）のでありますから。

阿弥陀仏との対面を願う念仏によって、感応道交・入我我入という仕組みが働きだし、空三昧を得るのですが、ここに空三昧の源流を見ると同時に、縁起所生・空の世界が開かれて回向の概念をも生み出してきたのであります。大乗仏教は、他者救済の具体的な仕組みとして、智慧と慈悲そのものとしての仏身論の発展に併行して、その仏と衆生を結びつける回向というかたちを基軸として発展し来たったといえるでありましょう。

もっとも回向の思想は施す側の仏と受ける側の衆生の双方の空定を前提としているために大きな制約を受けています。これを打破せんとする教学が浄土門の「摂取」の思想でありますが、ここでは本論から外れるために詳述は控えますものの、弁栄聖者の光明主義は本有無作《ほんぬむさ》の本仏阿弥陀仏を**大ミオヤ**と仰いで新しい仏身観を樹て、新しい仏教公理のもとに成り立っています。そこでは箇条書き的に仏の徳性を列挙する代わりに「独尊」なる一語に集約し、そこから一切知・一切能という属性を引き出して統摂・帰趣の理を演繹し、かくして古来いわれる「他作自受の難」を克服して摂取不捨万機普益の教理を確立されたのであります。

仏力の及ぶことについても弁栄聖者はみずからの実証から独自の宗教体験を明かされています。衆生の側の「霊恋」を通じて「霊応」、「霊養」などの形で仏力のはたらきかけがあることを、新しい用語を創出して明らかにされました。

実践論としても般舟三昧を再発見し、入我我入への念仏の深まりの道筋を、古来の七覚支の教えをみずからの実証実体験をもとに具体的に懇切に説き明かし、三昧の方法論を明示されたことも歴史的に特筆すべき業績といわねばなりません。

## 四　念仏の不思議

弁栄聖者によれば、念仏のよって立つ基盤とは本願と三心と三縁であります。すなわち念仏とは如来の本願、衆生の三心、そして如来と衆生の間にはたらく三縁とが相俟っておこる不思議の功徳であります。

## 如来と衆生は親子の関係――安心の基盤

①如来と衆生の関係は、主と僕《しもべ》のような断絶した関係ではなく、ほかならぬ親子の関係。如来を**大ミオヤ**とし、子としての自分がある繋がった関係。しかし子としての衆生はなかなかこのことに気付きません。

「親は子をかくばかりまでおもへるに　子はなど親を慕わざるらん」（ご道詠）

②親の立場――本願とは・本願力とは

ご道詠に「子をおもふ　親のみむねは子らがため　親のすべてを賜ふためなり」と。**大ミオヤ**たる如来は「子をして親たる自己と同一の位置に到らしめんとす」る願望をもっておられて、これが如来の本願といわれるもの。そしてさらに「如来の一大霊力が一切の子等を解脱霊化せしめ円満に養う力」つまり本願力をも持っている。ちょうど「太陽の光化熱の三線を以て地上の万物に及ぼすが如く」に、十二光をもって子たる衆生を済度したまう、のです（『難思光』、五四頁）。

「もしわれ仏を得たらんに、十方の衆生、至心に信楽して、わが国に生ぜんと欲して乃至十念せんに、もし生ぜずんば、正覚をとらじ。ただ五逆と正法を誹謗するとを除く。」（『無量寿経』第十八願）

③子の自覚――念仏の三心《さんじん》

経文の上では『観経』の至誠心《しじょうしん》、深心《じんしん》、回向発願心《えこうほつがんしん》、また『大経』では第十八願の至心《ししん》、信《しん》楽《ぎょう》、欲生我国《よくしょうがこく》がいわゆる念仏の三心といわれ、それぞれこの順番で対応しているといわれます（法然上人『観経釈』）。

法然上人は簡潔に「一向に帰すれば至誠心、疑心なきは深心、往生せんと思ふは回向心也」とも仰せになっています（『東大寺十問答』）。

昔から至誠心の解釈が分かれています。「至とは真なり、誠とは実なり……外に賢善精進《けんぜんしょうじん》の相を現じて内に虚仮《こけ》を懐くことを得ざれ」（『観経疏』、『選択集』）という解釈が善導大師、法然上人のお立場で、内外相応の心が大切とされます。一方親鸞聖人は「外に賢善精進の相を得ざれ、内に虚仮を懐けばなり」と特殊な読み方をされて、凡夫は真実心、至誠心はもち得ない、ただ如来からの回向を仰ぐほかなし、とされました。人間の誠実、努力をどうみるか、衆生観、人間観が大きく分かれるところです。

徳本行者は「口先であみだ仏々いえばよい　心なくして言われるものか」という歌をお詠みで、凡夫はそういうところを踏み台にしたいものです。

因みに「悪人正機説」は大正六年の醍醐本伝記発見により法然上人のことばであることが分かったとされています。また法然上人には「善悪により候まじ」との語録もあり、世俗の善悪と心霊界との関係は古来幾多の論があるようです。

## 弁栄聖者の三心

弁栄聖者は至心は形式であり、深心と回向発願心が内容である、と極めて明快です。ただし『宗祖の皮髄』においては、至心＝至誠心についておよそ一〇頁に亘る論述があり、ほぼ一章分に当たる位置づけがみられます。そして三心について、ご自身の言葉では「至心に深く信ず」、「至心に愛す」、「至心に欲望す」として三心の内容を分かりやすく、また菩薩道もはっきりとうたわれています。また最後に「聖の世嗣《きよよつぎ》とならんことを」と念じておられるところが注目されます。

○至心に深く信ず
「自身は罪悪の凡夫なれども如来《みおや》は慈悲の父に在ます故に大願力を以て必ず摂受したまふことを」（ここでいわゆる信機と信法の二種深信が明確に述べられています。）
○至心に愛す
「如来無上の慈悲を以て衆生を愛したまうが故に我もまたすべてに超えて如来を愛楽《あいぎょう》したてまつる」（如来の本願とそれに応える衆生の側の霊恋が強調されています。）
○至心に欲望す
「真善美の霊国《みくに》に生れて聖の世嗣とならむことを　また一切の衆生と共に安寧《やすき》を得むことを」

（往生ということの真の意味――聖き心に復活《よみがえり》、聖き世嗣へとお育ていただく、また一切の衆生とともに、の菩薩道も示されています。）

恭敬修《くぎょうしゅ》、無余修、無間修《むけんしゅ》、長時修《じょうじしゅ》などの四修《ししゅ》の心構えも大切ですが、重要なことは「生けらば念仏の功つもり」であって、自力で「功を積む」思いでするものではありません。

## 念仏の三縁

念仏三昧は縁起の実践ゆえに念仏に三つの功徳が現れます。

○親縁《しんねん》　これは「御名を呼べば現に聞玉ひ、敬礼《きょうらい》すればあなた（如来）は見そなはし玉ひ、意《こころ》に念ずればあなたは知り玉ひ、こなたより憶念し奉れば、あなたは幾倍か深く憶念しくださる」（「年頭法語」、『お慈悲のたより』上巻、四二一頁、もとは善導大師のお言葉）。要するに弥陀と私の三業《さんごう》、身口意《しんくい》の三業は捨離しない、別々ではない、ということ。

○近縁《ごんねん》　衆生、仏を見んと願ずれば、仏、念に応じて目前に現前す、ということです。妙観察智の感応道交で成所作智がはたらき法眼が開きます。『般舟三昧経』によれば三つの仏力――威神力・三昧力・本功徳力の加被があります。

○増上縁　一般には滅罪・除災（現生――生きているとき）、臨終には来迎《らいこう》を賜うという利益があるといいます。

弁栄聖者は　破闇為明・抜苦与楽・滅罪生善という言葉で説明されます。

# 第三章　般舟三昧の実践

念仏によって三昧発得に至るには、いわゆる三十七道品の道程を辿りつつも、なかんずく無称光の慈光の下で七覚支の階梯を履むというのが具体的道筋でありますが、今ここではそういう三昧発得への原理的な仕組み、根拠ともいうべき面に焦点を当てて、しっかりと信念を固めておきたいと思います。

## 一　真応身と霊応身

光明主義の教えに沿って念仏を実修するに先立って『如来光明礼拝儀』という勤行式《ごんぎょうしき》を読誦しますが、その「至心に勧請《かんじょう》す」には、

「……如来の真応身《みからだ》は在《いま》さざる処無きが故に　今我《わが》身体は　如来の霊応を安置《やど》すべき宮なりと

信ず　諸《もろもろ》の聖者の心宮《こころ》に在《いま》しし如く……今や己《おのれ》が身を献《ささ》げて至心に如来の霊応を勧請し奉る
霊応常住《とこしなえ》に我心《わがこころ》殿に在《まし》まして転法輪《たかきみちびき》を垂れ給え」

の文があります。勧請とは如来の分身たる霊応身をわが身心に請じて、常住の指導を祈ることであります。

また「至心に発願す」の、

「……教え主世尊が六根常に清らかに光顔《みかお》永《とこ》しなえに麗わしく在《いま》ししは　内霊応に充《みち》給いければなり」

の文は釈尊が霊応身を安置《やど》されて諸根悦予などの三相、また世尊住奇特法などの五徳瑞現の因縁を『無量寿経』にのっとって明かした一段であります。霊応身を宿されたのはあながち釈尊一人ではなく、善導、法然、弁栄と続いていることは確実でありましょう。

真応身とは何かについて、今はとりあえず『笹本戒浄上人全集』上巻を手引きとして考えてみたいと思います。まず、

「報身の御分身には霊応身と応化身とあります。」（同、七七頁）

の一文が注目されます。

いったい光明主義の如来三身の考え方は法身《ほっしん》の如来が人や世界を産み活かす「生みの**ミオヤ**」とよばれ、こうして生まれた一切衆生を宗教的に救い育てて真善美の境涯に摂取する如来を報身《ほうしん》、「育ての**ミオヤ**」といいます。その報身の分身が応身《おうじん》です。報身の分身としての応身というとこ

ろが大切です。『全集』上巻に、

「報身の如来様は種々様々の御体をお分け下さいまして——如来様は自由自在でいらせられますから、種々様々な御体をお分け下すって、私共銘々の心の中にお宿り下されて、私共を親しくお導き下さいます。」（同、二五八頁）

また続いて、

「報身の如来様は無量の身をお分け下すって、智慧と慈悲とに在《まし》ます大霊体を種々様々にお示し下さいます。その報身の御分身を霊応身と申し上げます。霊応身は報身の御分身であります。銘々の心の中にお宿り下されて私共を親しくお導き下され、御説法下され御法話下され、お戒め下さいます。その生きていらっしゃる如来様をお迎え申したいというのが勧請であります。」（同、二五八頁）

さてもう一方の応化身とは釈尊のことで、教え導く「教えの**ミオヤ**」と呼ばれ、肉体があり寿命があって今はおかくれになっています。そのため釈尊は仮応身《けおうじん》ともいいます。この仮応身に対して真応身が考えられています。

「真応身と申しますと、仮応身にたいして申しあげるお言葉でございます。」（同、二六八頁）

「真応身は滅をお示しになることはありません。おかくれになりません。いつもいつも在まして私共の信仰に応じて摂化して下さる御体であります。」（同、八〇頁）

しかし、真応身とは何か、ということについては具体的な説明は見当たらないように思います。

たとえば霊応身との関係、などは大きなポイントだと思われますが、そのような説明は見当たらないようです。

筆者なりには次のように考えてはどうかと思っています。

『礼拝儀』の「至心に帰命す」の、

「……如来の在《いま》さざる処なきが故に　今現に此処に在《まし》ます……」

のは報身の如来のことでありますが、具体的に念仏者ひとり一人の前に在ますのは、

「……如来の真応身《みからだ》は在さざる処なきが故に……」

の真応身となるのではないでしょうか（「至心に勧請す」）。

前出の文に「御体《みからだ》」という語が使われていましたが、一方では先にみましたように「報身の御分身は霊応身と応化身」ともされていました。しかし真応身も報身そのものと切っても切れない関係にあるというべきで、たとえ「分身」とまではいえなくとも、すくなくとも報身の一つの態である、とはいえるのではないでしょうか。報身如来は衆生を救い育てるために種々様々に御体をお分けなされて、あまねく私共の真正面に在ましておられます。この報身如来の分身ともいうべき存在、または一つの態を真応身と申しあげ、かく理解するのが素直ではないかと思います。

笹本戒浄上人はある人の三回の質問に答える形で次ぎのようにコメントしておられます（『全集』下巻）。

「真応身は譬えば太陽のようなものであります。太陽の光の照っている所に私共片手を出せば

片手だけ、両手を出せば両手だけ太陽の光を手に得ることができます。ちょうどそのように、片手なり、両手に得た、頂いたという所からいえば霊応身であります。……」（同、一六四～一六五頁）

「よく申すでしょう、〈人間は動物である。しかし動物は必ずしも人間ではない〉と。そのように報身にはそれ自らの御境界と、衆生に感応する面とが在ます。その報身の衆生に感応する面を弁栄聖者は真応身とおっしゃいました。」（同、一六五頁）

「法界身（としての如来に）もそれ自らの御境界と私共衆生に感応して下さる面とが在ます。」（同、一六五頁）

般舟三昧の教えの通り、念仏を相続して心が一点に集中していきますと「法眼開く処に弥陀現前す」という感応道交・仏入我我入仏を体験します。いわゆる見仏体験です。これは念仏者と真応身としての弥陀との交流にほかならず、それが霊応身の勧請にまで熟したところが「聖き心」によみがえる、ということではないでしょうか。『観無量寿経』にいう、「如来は是れ法界身なり、一切衆生の心想中に入る、是の心仏と作《な》る、是の心是れ仏なり」の実現です。

かかる生仏（衆生と仏）の感応道交において、仏の側として念仏者銘々に対応する存在ないし仏身の一つの態、つまりは報身の分身ともいうべきものが真応身の名において把握されるということではないでしょうか。

真応身（ひいては霊応身）は法界に遍在し、人の信念ある処に随って発得する仏身であり、人はこの感応を得てはじめて「聖き心《きよ》」によみがえり活きた信仰の生活に入りうるのであります。さきに「霊応身の勧請にまで熟し」とか、ここで「真応身（ひいては霊応身）」という表現を使っております真意は、この両身はどこからどこまでというような区切りがはっきりとつくようなものではなかろうという思いからです。

やや卑近すぎる譬えで恐縮ですが、人が信仰によって霊応身を宿し光明の生活に入るのが理想でありますが、それは如来様との神人合一、いわば結婚ともいえましょう。そしてその結婚の前には、念仏者ひとり一人の真正面に、あまねく、現われてくださる何者か、すなわち、やがては許婚《いいなずけ》・婚約者となり、その以前には恋人となり、さらにその以前には好ましき客体としての気配を現す存在があるわけでしょう。それが念仏者との縁起を通じて、何事かが発現・現象してくる、という次第ではないでしょうか。

独尊、統摂と並ぶ**大ミオヤ**の三徳たる帰趣のお働きとは、つまるところ、「私共銘々の心にお宿り下される」霊応身の勧請が実現すること、即ち霊応身を受胎し安置することであります。霊応身が報身如来の御分身とされる所以であります。その途中過程では、私共銘々を目当てに好ましき人、恋人、許婚などと姿・立場をかえながらお導きくださるのが真応身、つまりは霊応身への可能態、といえないでしょうか。その意味でまだ「御分身」とまでは申せないのではないかと思います。ただここで重要なことは、「姿・立場をかえる」原因は、真応身（ひいては霊応身）の側ではなく、念仏者の心、信仰、心機の側の変化、成長にあるということであります。信仰の篤さ、深さに応じてかわるのです。

真応身の段階では報身性《ほうしんせい》が残っており、霊応身に成ると応身性《おうじんせい》が強くなるように思えるのですがいかがでしょうか。つまり真応身はシンオウシンと読み、霊応身はレイオウジンと読んではどうか、との提案になるわけですが、いかがでしょうか。聖者は**大ミオヤ**としての報身をホウシンと読まれました。真応身の読みも音便的な読みぐせよりも、言葉の使い手の意志が表に出ても良いのではないかと思う次第です。

ここにおいて、上記の論述の典拠らしきものが全く無いわけではなかろうかと思われる点について述べておきます。

私共が勧請し心本尊と仰ぐのは霊応身にほかなりません。

この霊応身は、

「人の信仰の心機《こころ》に感応してその人を霊化し霊の生命に入らしめる身なり。」

と説明されていますが（『仏教要理問答』、六頁）、そのプロセスを含めて動態的に考えますと、真応身の完成形といいますか最終段階の姿・立場を霊応身というのではないか、というのがこれまでの拙稿の考え方でした。この霊応身はいわゆる小乗教の「五分法身《ごぶんほっしん》」、すなわち戒・定・慧・解脱・解脱知見（解脱における知と見のはたらき）の五つの法（徳性）を身体とする者、に当たるとされ、人の身内に常住して滅することとなし、とされています（弁栄聖者『礼拝儀要解』、一二三頁）。

同書において、この説明に続いて、

「大乗教にては即ち如来真法身として其の霊能《みちから》はもとより法界に遍在し、人の信念ある処に随って発得す是を応身と名づく。この感応を得て初めて霊の生命とし活《いく》る信仰と成り得るなり。」（同、一二三頁）

という注目すべき一文があります。ここの「如来真法身」と「是を応身と名づく」を同一のものの状態による変化に対応した名称、と考えうるならば、これを合成して「真応身」なる術語のルーツともみなしうるのではないでしょうか。

いま一つ、今は詳しく論述することは控えますが（後述の啓示に関連）「霊応身は決して衆生の想像の所産ではなく、弥陀絶対感性の能動による自発の霊容である」という信念がきわめて重要であるということです。能動とは衆生の思いに関わらない、自発の実在である、という意味です。

## 見仏の心的状態（見仏の心状）との関連

弁栄聖者には「見仏の心的状態」と題する文章がありました。ここでも重要なご教示ですので全文を再録し、加えて、見仏の心状の好実例として跡見花蹊女史の見仏体験を紹介したいと思います。

「見仏の心理的状態を如何に心得て予期せん。見仏と云わば幼稚なる者の観念には、見仏はもし三昧発得せば肉眼に対して玲瓏たる皎月（白く冴えたる月）雲間より現れるを目撃する如く、心眼にても自己の心眼に対して客体として全く向こうに現われたるを自己の心眼に反映すると肉眼の如くなる哉と。これについて暫く自分の経験に基づき説明せば、世界の相対的なると霊界の絶対的なるとの区別を知らざるべからず。肉眼の感覚は相対的にして自己の肉眼と所対の物色（視界の範囲にある物）との関係によりて視ることを得。例えば人の眼あり、太陽ありて視ゆ。（しかし）如来は自然界の太陽の如くに相対的関係にあるものではない。絶対の心霊界に対すれば、吾人の心霊は全体の分現なる自己の心霊であるから、如来大心海中の自己の霊波なりということができ、自己の根底なる大心海より自己の心霊に現ずるなり。

故に自己の絶対根底より自己に現じ、それが反映して相対界の肉眼に対する太陽の如くに目前に現ずるを見る。絶対には実には彼此の別なく、大小の分なし。その絶対大心霊界の方面なる如来心海より現じたる霊象は、現じたるが反映して彼《かしこ》に見ゆ。自己の心霊界より起って、全く遥かに旭陽赫々《かくかく》として光を放つ如くに、彼しこに現ず。相好円満にして、光明徹照す。彼此の相なき絶対の大霊よりまた彼此の相に現ず。

相対の日光と自己の眼との因縁関係によって現ずるとは反対なり。日光は彼より自己の眼《まなこ》に反映して視る。仏の相好荘厳は絶対より自己の内的霊性に発現せるを彼の空界に投映し、之を観ず。その霊象光明の赫燿と徹照せる象、また肉眼対象の物色の及ぶ所に非ず。

絶対如来心より衆生心中に現じたる如来相好及び妙色荘厳なるが故に観経に、如来是法界身、入一切衆生心想中、と。光明大師（善導）の讃に、弥陀身心遍法界、映現衆生心想中。」（『光明

の生活』、一九七〜一九八頁）

以上の中で「絶対の如来大心海」は報身に当たり、「吾人の根底大心海」は自己の霊性であり、「絶対より自己の内的霊性に発現」するものが真応身より成り代わった霊応身ということでしょう。見仏とは自己の内に霊応身が現象することであります。縁起的の故に現象学的、ともいえようかと思うのであります。

**跡見花蹊女史の三昧体験**

跡見花蹊先生（一八四〇〜一九二六）は全生涯を女子教育に捧げられた先覚者で（一八七五年跡見学校開校）、日本の伝統文化に根ざした教養を重んじられました。女史自身、絵画、書道、詩歌に秀で、かかる技芸に加え大乗仏教の精神も女子教育の柱とされました。後年は宮中にも自由に出入りされ、大正一二年（一九二三）には新刊の弁栄聖者著『人生の帰趣』を皇后陛下に献上された記録があります。

女史の宗教遍歴の詳細は省きますが、大正一一年七月（女史八三歳）初めて、笹本戒浄上人に出会われ、以後、主として同上人や田中木叉上人からご指導を受けられました。その以前は日蓮宗の修行をして妙見菩薩を拝する実証を得られたようでありますが（大正九年頃）必ずしも満足を得られずにおられたようです。

編者の判読苦心の末、平成一九年に完成を見た『跡見花蹊日記』から光明主義に出会われて以降の三昧体験の記述と、時に挿入されている笹本戒浄上人のコメント（ご指導）を以下に摘記します。三昧（見仏）体験は戒浄上人に出会われた翌月の八月から（八三歳）始まり、八五歳の大正一三年一二月の第二一回まで記載されています。その後も『如来光明礼拝儀』の書写や写経、また夢にさまざまな不思議を体験されて大正一五年（一九二六）一月永眠されました。世寿八七。念仏は概ね未明・早朝から数時間に及ぶものであったようです。見仏の体験記にはいわゆる説話的啓示とみられるものもありそうです。

『日記』が公刊されてすぐのタイミングで、河波定昌上首上人（東洋大学名誉教授）が「念仏三昧発得の人　跡見花蹊女史の宗教体験」と題する一文を草され（『禅と念仏』誌　平成二〇年頃の号）、また五年後には横山逸郎氏も念仏者の立場から日記に注目して見仏前後以降の抄録を作成されました。こうした先達の余慶を被って、見仏の心状の好実例として、いまここに紹介掲載いたします。

○第一回見仏（大正一一年八月六日）

「夢に極楽体想（相）を見る。諸仏の立並ひたる、実に奇麗にて、李子《ももこ》の帰りたるに眼さめたり。はしめて見仏し奉る。」李子とは花蹊女史の跡継ぎの方、出自は華族。

○第二回見仏（大正一一年八月七日）

「風なく月は十五夜にて、真如の影、明々光々たり。此夜の夢に釈迦の御涅槃を拝む。其側に、極々薄き絹に細密なる模様にて、とても人間業にては及ばぬ奇麗なるを、其様なものも織れますと云て、仏より見せて戴きたり。其うしろには数多の仏ましましたり。第二の見仏し奉る。」

○第三回見仏（大正一一年八月一一日）

「此夜の夢に、阿弥陀如来大尊像の廻りに、菊の葉を長くしたる様、草緑の色彩の具合を教へてやるとて、先菩提樹の葉かと思はれるを揮毫しつつあるをゆめ見る。第三回見仏し奉る。」

○第四回見仏（大正一一年八月一五日）

「第四回、此夜の夢に、渡り四寸位の花、実に奇麗なる時計草の様なる花を見せて戴きたり。」

○第五回見仏（大正一一年九月二三日）

「第五回、此朝の夢に赤地の金襴の御打敷を如来御降臨の時に敷くべしと教を蒙りたり。」

○第六回見仏（大正一一年一二月一日）

「明かたの夢に御霊感あり、六回目也。如来大なる御姿にて蓮台の上に直立遊はして其うしろに早苗の植付たるあり。天楽、殊に近く聞ゆ。」

○第七回見仏

（次項から推せば一二月中とみられるものの、一二月の日記記載は前項の一日を除けば「予記　梅若別会」のごとく行事や面会の予定らしき記入が一〇回（一〇日分）あるほかは日記らしき記載はなし。）

○第八回見仏（大正一二年一月五日）

「第八回目、本年の第一回。此ハ醍醐酒てあるから戴よとの事にて御杯につ（注）いて賜る。其色赤く葡萄酒を赤くしたる色にて、御味ハ何共口にて申されぬ、甘露と云う、生てはしめて此味を覚ゆる。此間、天楽近く聞えたり。」

○第九回見仏（大正一二年二月一三日）

「第九霊感、わか住居の軒端に明星四ツかかれり。此の如し（◯を縦に4個連ねて書いて傍に此の如しと書込み）今日より此家を守護してやると仰せられたり。其玉は、代々橙《だいだい》（橙の実、冬に黄熟）より大きくて光あり。閻浮檀金（エンブダゴン）の如し。大いに李子不在にてもかかる御守護をうけ居れハ此上なき安心也。」

○第十回見仏（大正一二年三月八日）

「第十。八日明かたの夢に広々たる講堂の様な処、大形御絵龕の中壱間竪壱間余なるに、絵は正ニはっきりとみえわかねとも、涅槃像の様にもみえたり。其肩の処、白く明て跡見花蹊として下に印章を押と云。予、其講話をする事と成りたり。又、岡村の夢に弁栄上人、わか安祥堂に御入にて私歯のいたみを治療して下さるとみたり。予の歯いたみも夫より直ニ痛みとまりて心地よく相成。実にありかたさいはん方なし。」

○第十一回見仏（大正一二年三月一三日）

「第十一霊感夢にて有りかたしとも有りかたし。」

○第十二回見仏（大正一二年八月一〇日）

「第十二、明け方の霊夢、御盆に鶏卵位なる玉を盛て是を私に下される。其玉の光ハ金剛石か水晶か明光々たるもの、数ハ百八ツある、此半分ハ人にもわかつべしと申されて夢さめたり。此朝、上人（笹本戒浄上人）に此夢を御咄し申上たるに、玉ハマニ如意宝珠、自由自在心のままに法味を人にも施し、今既に此別時を其通りにて、数百八ツは百八煩悩を消滅して如来のお慈悲を蒙る事、今ここに此通りである。実に如来よりの直に御示しであると申されたり。有難しとも有りがたし。」

○第十三回見仏（大正一一年八月二四日）

「第十三、夢に、富峰か骨になりたるを見る。（日記に富士山の絵あり）」

○第十四回見仏（大正一一年八月二七日）

「十四、此朝二時頃、夢に宇宙一はいなる大々的なる御仏を見奉る。御体御肉ハ清くふとき奇麗なる御肉にて御座体にて、かしこしとも有りかたしとも言語に堪えたり。御名を呼て逢奉るみすかたは宇宙全体満ち足らひたる。」

（補注）歌として知られるのは「いともいとも　大いなるかな天地に　みち足らひたる　大みすかたの」

「みちたらひ」は日記では「満ち足らひ」と表記されていますが、北原白秋は昭和一五年の「海道東征」の歌詞として「光宅らし」をミチタラシと読ませています。満と光、ミツの音が重なり、イメージの重なりも感じられて興趣を覚えました。

○特記（大正一二年九月一日）

「十二時、此時俄然震災、いつもの如く落付きたるに、我が体にみな付き纏ひ、治子、光を抱きて其の内いく子、富児を抱きて来る。みなに此時、如来に御助けを受けるので一同御念仏する。一寸震やみたる時、そら今庭に出よ、とみな庭に出る。大赤樫の根元によりて避難する。」

○第十五回見仏（大正一二年九月六日）

「第十五、此夜の夢に御能御覧に予佐野源左衛門をつとめる。烏帽子《えぼし》直垂《ひたたれ》にて今舞台に出ると云時、目覚たり。」

○第十六回見仏（大正一二年一二月一一日）

「第十六、明かたの霊感に、わが口に光明の玉をいただく、手に持って口に入れる。やわらかく暖かく何とも言葉にはいへぬ有かたさ。」

○第十七回見仏（大正一三年一月一日）

「十七、この明けかたの御告に、少し遠方に知恩院の様なる門二所に建つ。門内には銀色の樹木数ありて、門内一ぱいに植付けたるを見る。此度新倉の地所買得するを伺ひて、此御告を得る。」

○第十八回見仏（大正一三年一月九日）

「十八、夢に、月の下に出でて、大きさは常よりも大にて、わが真向こうに月に相対したり。また富士山か極く小さくなりたるを見て、あしき夢かとおもうて語らずに居たり。後、竹氏

（竹内喜太郎氏、花蹊女史を笹本戒浄上人に引き合わせた人）に此事を咄したるに、わが身か上にとりたるを御告になりたると云。」

○第十九回見仏（大正一三年八月三一日）

「十九、此夜更けて明けかたの夢に、三島子（子爵）の家にて招待会、其盛なる舞姫のむれ、いく組となく舞楽あり。どうして斯様な人を何国より招待せられたかと、実自然界の極楽浄土の体裁也。今迄の庭より一層広く岡山をなして、其下は馬場の様に道ありて、此岡山にりんどうの花奇麗に咲たるを、おのれ此花を御仏に供え度と思へども、かかりの人に頼んと思ふて居る夢さめたり。」

○第二十回見仏（大正一三年一一月二三日）

「二十、明かたの夢、極楽浄土に参る。結構限りなし。其時、大炊御門師前様も此極楽に御出にて、こなたも予て仏法御悦故、願成就してここに御参りの人に成せられたるかと。大いに喜悦かきりなし。」

○第二十一回見仏（大正一三年一二月六日）

「二十一、此朝、明けかたの夢に、大いなる袋、玉の飾りある、この袋、霊性が沢山は入たるをおのれ持て居る夢也。判断にくるしむ。十八日、笹本上人に此夢の御咄しに、是は如来様の御悦にて、袋の中の霊性ハ摩尼宝珠デ、今日この念仏会も他と共に念仏して摩尼宝珠となるのである。如来より御誉に預かりたる結構なる御告であると仰られた。」

花蹊女史の日記に見仏の回数をいれた記述はこの大正一三年、女史八五歳の時以降見えなくなりますが、大正一四年にも次のような記載があります。

○（大正一四年八月八日）

「此日午睡の夢に、月の清き事真澄の鏡懸たり。我身の側に月出たり。（雲間に月の出の絵あり）」

○（大正一四年一一月一九日）

「夢に、斯様なる美味の物をいただく。其の甘き事譬えるに物なし。是か三昧発得か。色白くして和らかく。（雲のような挿絵あり）」

○（大正一四年一一月二〇日）

「昨夜の夢のもの、実に何と申ものかと伺しに、みた（弥陀）の妙味と仰せられたり。」

跡見花蹊女史は大正一五年一月一〇日、八七歳で永眠されました。

日記には連日深夜早朝に続く憶念念仏の日々が頻出しますが、ここでは逐一紹介しませんでした。もっとも重要なのはご高齢にもかかわらぬこの日々のご精進でしょう。

## 二　念仏三昧──霊応身の勧請と心本尊の安置

ではいかにすれば私どもは、念仏によって如来の感応を仰ぐことが出来るのでしょうか。真応身、ひいては霊応身を拝し、いわゆる空定から見仏という心状を体験する、すなわち心に本尊をいただくことが出来るのでしょうか。いわゆる「見仏所期《しょご》の念仏」の具体論です。

無称光に照らされて「七覚心《しちかくこころ》の華開き」というのが通常の十二光の理解でありますが、無対光から無称光、超日月光にいたるまでの九つの光明（後九の光明）は、すなわち如来の用としての無礙光を開いたものにほかならないと見る立場でみれば、今の主題は無礙光の核心の部分ともいえるのであります。

聖者より大谷仙界上人に賜わりしお慈悲の便り、これがよく知られたその宝鑰《ほうやく》（宝物にいたる鍵）であります。このほかにも大切なご教示はいくつもありますが、そのいくつかを味読しましょう。

聖者は必ずしも狭義の見仏のみを慫慂《しょうよう》されるわけではありません。しかし光明生活の中心に、やはりそうした心組みの念仏、すなわち見仏所期《しょご》の念仏が大切なことはいうまでもなく、そのように心懸けてこそ阿弥陀仏の仏力の加持をいただく他力の正道であろうと信ずるものであります。

要は般舟三昧の実践に尽きるわけですが順を追ってみていきましょう。

**般舟三昧の実践（大谷仙界上人へのお慈悲の便り）**

「口に弥陀を称え、こころを専らにして弥陀を念じ、次第に雑念を薄めていく。その念ずる弥陀にこころを投じ、弥陀が我か我が弥陀かと離れない精神状態に入ってこれを続けると三昧という境地にいたる。」（『人生の帰趣』、三七八頁）

絵像の三昧仏を掲げ、これを眼前の如来と思いなしてその仏に心をつなぎ止め、むしろお慕い申して、声を出してナムアミダブ、ナムアミダブと訛《なま》りなくみ名を呼びます。無念無想の瞑想ではありません。一見逆説的に聞こえるかもしれませんが、仏念《おも》いの有相《うそう》と高声《こうしょう》の念仏こそが集中から三昧・空定にいたる捷径かつ王道であります。

「心の中に想われる色形に心を注ぐほど精神統一によい方法はありません」という笹本戒浄上人のことばもありました。念仏は口称を形式とし、憶念を内容とすること、一口にいえば「弥陀念《おも》いの念仏」の力とその大切さが強調されています。

念のためですがここでいう高声の念仏とはけっして大声で喚くような口称のことではありません。法然上人も「……仏の本願は、称名の願であるから、声をたてて称うべきである。観経には、〈声をして絶えざらしめ十念を具足す〉と説き、善導大師の往生礼讃偈には〈我が名号を称し、下十声に至る〉とのたもうている。自分の耳に聞こえるほどは高声念仏の中にはいるのである。高声念仏がよいといっても、だからとて〈機嫌をしらず〉（他人のことや事情を考えずに）高声であってよいわけはない。〈地体は声を出ださんとおもふべき也〉（そもそも念仏は声に出して称えるものと思っていればよいのである）。」と仰せです（『和語灯録』「十二問答」）。

さて「弥陀念いの念仏」をきわめて具体的に説示されたのが高弟大谷仙界上人（一八八四～一九三二）への「お慈悲のたより」です（注）。

（注）原文は『お慈悲のたより』上巻、四七頁収載の抜粋、『礼拝儀』、九七頁の一文を指すが、最近の金田昭教師の調査によれば名宛人は福岡県遠賀郡所在の田代静江女史が史実と判明。しかし現在のところ光明会内での呼称取扱いは未定のため従来通りの呼称で引用。『ひかり』二〇一六年一月号参照。

親子の関係にある如来と衆生（念仏する自分）との間で、如来の本願と衆生の信愛欲の念仏三心とが相俟って親縁、近縁、増上縁の三縁に結ばれ、念仏者が三昧発得の境地にはいる神人合一の次第が明かされています。般舟三昧、念仏三昧の真髄を示されたもので、以下、番号を振った順にしたがってコメントを付していきます。

それに加えて田中木叉上人の御道詠（『光明歌集』）から各番号の文に応じてお歌を紹介したいと思います。番号に沿った内容の心を表わすにふさわしいと筆者の感覚で感じたお歌を、とりあえず配することにいたしました。

「①すべてを大《おお》ミオヤに②御任《おまか》せ申《もう》し上《あ》げて常《つね》に大《おお》ミオヤを念《ねん》じ③大《おお》ミオヤはいつも離《はな》れずあなたの真正面《まっしょうめん》に在《まし》まして④慈悲《じひ》の面《おも》をむけて母《はは》の子《こ》をおもうごとくましします。⑤あなたは其《それ》のみをおもうて専《もっぱ》らにしてまた専《もっぱ》らなる時《とき》は、⑥だんだんと心《こころ》が統一《とういつ》できて、⑦あなたの心《こころ》はみだの御慈悲《おじひ》の面《おも》にうつり⑧御慈悲《おじひ》の面《おも》はあなたの心《こころ》にうつり、⑨而《しか》するとそれがだんだん深《ふか》く入《い》るに随《したが》いてあなたのこころはなくなりて、⑩唯《ただ》のこる処《ところ》は御慈悲《おじひ》の如来《にょらい》さまばかりと成《な》り候《そうろう》。」

①すべてを**大ミオヤ**に

**大ミオヤ**＝本仏の阿弥陀如来。仏身は無始無終、本有無作《ほんぬむさ》の報身。

「ひとり居て　ひとりは住まぬにぎやかさ　じひの御親と共にすむ身は」（『歌集』、二四頁）

「無上のさとり得しめんと　あけ暮わが子を案じつつ　ながき年月まちわびし大悲の催し甲斐ありて」（同、四四頁）

②御任せ申し上げて常に**大ミオヤ**を念じ

任せる――人間の側から利益を要求するのではなく、任せたうえで念仏します。任せ放しはいけません。自力他力の字面にとらわれてはいけないわけです。

念ずる、とはお慈悲の聖容《みかお》に集中。起行の用心第一の眼目。

「すくいの船に乗りぬれば　わがつく岸は定まれり　憂き世のことは　因縁の　津々浦々の風まかせ」（同、一頁）

「マスト一ぱい帆一ぱい　小さいながら精一ぱい　つくせし上はおまかせの　成るも成らぬも大御業《おおみわざ》」（同、六頁）

「又となき日の今日の日ぞ　わが永遠のわかれみち　歓喜みなぎる身をささげ　いざやつとめんこのひと日」（同、一頁）

③**大ミオヤ**はいつも離れずあなたの真正面に在まして起行の用心第二の眼目。どこにでも在《まし》ます故に正面に在ます。正面性（『般舟三昧経』）。離れず思い（想い、念い）続ける不離仏値遇仏のこころがポイント。

「正面に照る大慈悲のたのもしさ　嬉しき時も　悲しき時も」（同、二四頁）

「まっ正面に見そなわす　大慈大悲の親さまの　一声ごとにふくまする　乳をのむ南無　阿弥陀仏」（同、一八頁）

④慈悲の面《みかお》をむけて母の子をおもうごとくまします。育ての親（報身）の大慈悲。産みの親は法身、教えの親は応身。三身即一。「面」のルビはオモよりもミカオがベター。

「親は子よりも子をおもう　神聖正義のみこころに　そむき唯我が為ばかり　はかって遂に行きつまる」（同、七頁）

「招くお慈悲にさそわれて　門《かど》の戸たたく南無の声　答はきけどまだあえぬ　あえぬ御親ぞなお恋し」（同、二〇頁）
「すがるおもいにかよいくる　大慈大悲のなつかしさ　もよおす涙　あこがれて　よべば答える親ごころ」（同、二二頁）

⑤あなたは其のみをおもうて専らにしてまた専らなる時は、一点に集中していく。五根五力（後述）も次第に後半へと進む。三昧仏のお絵像↓記憶のお姿↓美感即実感。

ここで妄念について三つのことがいわれます。

一つは法然上人の昔から「散乱の心、よにわろき事にて候。かまへて一心に申させ給へ」（「百四十五箇条問答」）であります。『無量寿経』の「至心不断」、『阿弥陀経』の「一心不乱」を副詞でなく「〜スル」と動詞で受けとります。

第二は雑念・妄念による脱線の問題です。妄念に串習《げんしゅう》（または、かんじゅ、とも）の妄念と故起の妄念の二種ありといわれ、串習の妄念は気のつかぬ間にいつのまにやら妄念にとりつかれている場合で、気が付き次第直ちに正念に戻る、如来念《おも》いの念仏にもどることです。妄念は捨てておき、とらわれないことがコツであります。故起の妄念はことさらに他の事を考えることで、これは絶対いけません。

第三の問題は次ぎの⑥でふれます。
「大みちからをちからとし　いさむ心の奮い立ち　南無阿弥陀ぶのかけ声で　出来ないからぞやってみる」（同、三頁）
「足らぬ自分の力では　越すに越されぬこの峠　まもるお慈悲のみ力で　越されぬままに　越せてゆく」（同、一六頁）
「散りし花びら追わんより　出る月またん（待たん）むきかえて　今の苦楽ははしご段　はしごのぼれば月見宴」（同、一六頁）
「菩提の坂に車おす　とまればあとへもどる行　三昧のみち一心に　いそげ大悲の親がまつ」（同、一九頁）

⑥だんだんと心が統一できて、
一心不乱の集中・専注で三昧境に入っていきます。気が付けば七覚心《しちかくこころ》の華が開いていきます。美感実感↓活きた如来さまへ。次第に定心に、三昧心へ。かように如来の三力の加被が及んできます。

妄念にからまれても苦心努力して念仏を続けておれば、いつかかならずお育てをいただけるということであります。法然上人のお言葉に「譬《たと》えば葦の繁き池に十五夜の月の宿りたるは、他所《よそ》にては月宿りたりとも見えねども、よくよく立ち寄りて見れば、葦間を分けて宿るなり。妄念の葦は繁けれども三心の月は宿るなり」（「諸人伝説の詞」）と教えておられます。これが妄念の第三の問題で、諦めない限り、如来の三力が加被してきます。善導大師によれば大誓願力（威神力）、三昧定力、本功徳力の三つがはたらいてくるのです（『般舟三昧経』では威神力）。

「声に心がはこばれて　称うるごとに通い行く　捨てぬ誓のたのもしさ　大慈大悲の膝の上」（同、一八頁）

「のぼる峠はけわしくも　憂き世の風は寒くとも　おじひの中は春びより　心もうらら日もうらら」（同、一二三頁）

「大慈大悲のみちびきに　声をまかして称うれば　かよう心の澄みわたり　ひろびろ晴るる胸の空」（同、三頁）

「アナタをまとに一心を　そそぐ一声ひとこえに　親の心と子のこころ　とろくる慈悲の別天地」（同、一二一頁）

⑦あなたの心はみだの御慈悲の面《みかお》にうつり

⑧御慈悲の面《みかお》はあなたの心にうつり、

「うつり」は写り、映り、移りが重なっています。定心が深まり、私たちの心に如来が顕現してきます、お入りになってきます。真応身から霊応身への移り（霊応身の勧請）というべきでしょうか。如来さまの全面移動がおこって、如来さまと私との合一、感応道交、入我我入の神秘体験がおこってきます。

　念々弥陀の恩寵に育まれ、声々大悲の霊養を被る。

　十万億土遥かなりと愁うることなかれ、法眼《ほうげん》開く処に弥陀現前す。

という弁栄聖者のご法語が実際に体験されていくことになります。

⑦心――→仏｝｛感応道交《かんのうどうこう》｝縁起の故に。法眼開
⑧心←――仏｝｛入我我入｝けて霊応身見仏。妙観察智。

⑦のお歌

「おじひの中にいさぎよく　つとめしつかれこころよき　感謝に心みち足らい　やすむおじひのひざの上」（同、九頁）

「大慈大悲のふところに　心うつせば気もかわり　いつしか開く胸の戸に　さすみ光で道がつく」（同、一四頁）

⑧のお歌

「端厳《たんごん》微妙《みみょう》なつかしき　大悲のミオヤ　見そなわす」（同、一八頁）

「慈悲のみすがた拝みつつ　光をしたう礼拝に　ふるは甘露の法《のり》の雨　ぬれてしみじみ　み名をよぶ」（同、五〇頁）

「ああ尊とあああ尊とああ尊と　輝き給う大ミオヤ様」（同、四三頁）

⑨而するとそれがだんだん深く入るに随いてあなたのこころはなくなりて、

空の境地。三昧心、定心。念仏を通じて空に入ります。なくなるのは小我。これが空体験の原点です。法然上人のお歌にも「阿弥陀仏と　心は西に　空蝉《うつせみ》の　もぬけはてたる　声ぞ涼しき」とあります。

「みやまの秋をつつましく　日をなつかしみ日をうけて　中みみのればそともまた　おのづとはじく栗のイガ」（同、六頁）

「すきとおり　尽十方はただひかり　是ぞ我かもこれ心かも」（同、四三頁）

⑩唯のこる処は御慈悲の如来さまばかりと成り候。

定心、三昧心の真っ只中、霊応身の安置。お経に「心に仏を想う時　是の心仏と作《な》る」（『観無量寿経』）とある通りのことになります。

縁起 ――→ 空 ――→ 作仏

ここに、聖者のいわゆる「陀仏（他仏）を念じて自仏をつくる」、つまり縁起の実践ということの真義が示されています。我われひとり一人にとってはこの筋道を確信して念仏を実修するか否かが大きな岐れ目となることでしょう。

「青い稲葉はその中に　白いお米のみのるため　死ぬるからだはその中に　死なぬいのちのそだつため」（同、八頁）

「微妙荘厳《みみょうたんごん》　無辺際《むへんざい》　ひれ伏し拝む尊とさに　不思議心の新天地　澄みし流の路かわる」（同、二〇頁）

「大みひかりに目ざめたる　かがやく心ほとりなく　十方界にすきとおる　いつもかわらぬ活きどおし」（同、五頁）

木叉上人のお歌の最後に、全体を通してのお励ましの言葉をいただきましょう。

「さあ仰ぎましょみ光を　かげにおかげの力添え　試練の坂はけわしくも　そこを越すのが人生じゃ」（同、五三頁）

## 心境と進境（愛慕の三期）

念仏者の心境が深化していくについて、弁栄聖者は法然上人のお歌（道詠）を引きながら大ミオヤたる如来さまをお慕い申す愛慕には、三つの段階を追ってその進境を自覚することができるとご教示になりました。すなわち愛慕には次のような三期があるとお示しです。笹本戒浄上人のわかりやすいご説明を簡潔に紹介します（『笹本戒浄上人全集』中巻、五一五〜五二一頁）。

如来さまをお慕いする愛慕には、

㈠母子的―嬰児が母を慕うごとく。

㈡異性的―異性を恋い慕うごとく。

㈢融合的―大我と小我との融合。神人合一の状態。本当の我を慕うごとく。

の三期のあることを弁栄聖者はお教えくださいました。

㈠母子的（第一期）

如来さまへの第一期の愛慕は子供が母に対するときのようです。子供にとって母は何よりも慕わしい人であります。

「われはただほとけにいつかあふひくさこころのつまにかけぬ日ぞなき」

㈡異性的（第二期）

法然上人は一所懸命如来さまにお遇いしたいと願われて、熱烈に身をも心をも惜しまないというように如来さまをお慕い申されるようになりました。これを霊恋といいます。異性相慕う、心に慕う、相慕う者にとっては慕い合う者同士が一番麗しいもので、この麗しい心が如来さまのお麗しい相好を慕い、その麗しい心に如来さまの大慈悲の心が燃え移るのです。

「かりそめの色のゆかりのこひにだにあふには身をもおしみやはする」

㈢融合的（第三期）

いまだ神人合一していないときは私どもは救われる者、如来さまは救う者という区別がありますが、神人合一した後はその如来さまは本当の我であることに気が付きます。それで、この後の愛慕は本当の我に対する愛慕と変わっていきます。如来さまをお慕い申すこと、やがては本当の自分を慕うことになるわけです。如来さまと私どもは宇宙の根底に入ればただ一体。現象と本体の別であります。例えば水と波。波という現象は水という本体を離れてはありません。水という立場からは如来さまとわれわれは全く一体でありますが、波という立場からみれば如来さまは私どもの親さまであり、私どもは如来さまの子供です。如来さまは本当の我であり、いつも変わらぬ本当の我。如来さまが我となってくださる。拝む心となってくださる。我々の拝む心は炭。その炭のような冷たい心に、如来さまの慈悲の火が燃え移ってくださる。私どもの冷たい心も火になる。その時気が付くと自分は本当の我、如来であったと気が付く、ということです。

まことに奇妙です。そうなった時には自分で自分を拝むのは変だから、拝めなくなるかというとそれが不思議に頭が下がるのだそうです。そのところを弁栄聖者は稲に譬えられまして「稲の穂が実れば実るほど頭を下げるように、如来さまのお蔭を被って活き働きあることを得ているのだと気が付かせて頂くから、自然に頭が下がってくるのだ」とおっしゃいました。理論ではわかりませんが、霊性の世界では事実、そうであります。水であります如来さまと波である私ども、本体においては一つであります。けれども一面如来さまは親様であり、私どもは子供ですから別々です。そのくせ水でない波はありません。これを主観的には如来さまと私どもは一つ、独りであるが、客観的には別人であるとも申します。独りであって別人であります。それが真実で、独りである、あるいは別人であると片方をいうだけでは当たりません。一方しか気の付かぬ者を禅宗では担板漢《たんぱんかん》と申します。

「阿弥陀仏と申すばかりをつとめにて浄土の荘厳見るぞうれしき」

以下、蛇足を加えますと母子的、異性的までは「至心勧請」の真応身の段階ですが、次の融合的は霊応身に移っていきます。

「母子的」を愛慕、「異性的」を霊恋、というのにならって「融合的」を恋慕、といえば言いすぎでしょうか。恋慕は仏に思い焦がれるの意で、『法華経』自我偈に「皆ことごとく恋慕を懐いて渇仰の心を生ず」と出る、経典としては珍しい用語です。『法華経』では衆生を度する方便として仏は身を隠すのですが、光明主義では仏と衆生が交感合一し、本当の我を慕うが如き情感が強調されています。

上記「愛慕の三期」に関連して思い出されますのは聖者の「観念と憶念との別」と題された一文です。

「信楽は信…知、楽…情に分解され、知情意に当てはめると、
之を知る――信認――知力
之を好む――欲求――意志
之を楽しむ――愛楽――感情」

## 観念と憶念（愛念）との区別

「観念は知力信仰にて理性を以って観念推察して、仏の相好又智慧実相等を知見すること。憶念（愛念）は如来を恋愛憶念すること。前は理性、後者は感情にて。哲学的に観察するよりは、宗教的に恋念憶想すること、憧憬して忘るる能わざる如きは、最も宗教の内容豊富なるなり。観察は思索的に冷静的に、恋念は暖温熱誠にて自動的に衝動する感情である。宗教は感情を中心とす。観察は形式的に、恋念は内容である。（内容の）愛は母子的、異性的、大小二我合一的（融合的）の三位あり。」（『ミオヤの光』第四巻「霊徳の巻」、三五頁。『難思光』、七六頁にも同旨の文あり。）

# 第四章　聞くならく起行の用心

## 一　「起行の用心」の画期性と重要性

阿弥陀仏のお絵像を正面に掲げ、それを見詰めながらナムアミダブ、ナムアミダブと誦ることなくハッキリと阿弥陀仏の御名《みな》を呼び続けます。光明主義ないし円具教の念仏道場ではこうして阿弥陀仏の「端正無比《たんじょうむび》の相好《みすがた》を御名を通して念《おも》えよ」というのがイロハのイとされています。

正面のお絵像は三昧仏《さんまいぶつ》と言い慣わし、弁栄聖者の真筆か、それの模写または複製を用いるのが普通だと思います。このお絵像がやがて記憶として心に想われるようになってきますと、その記憶として心に想えるようになった如来様の所に活きた本物の如来様が一つのものとしてそこに在《まし》まして下さるのが事実だとわかってきます。その事実を信じて、それがそのまま活きて在《まし》ます如来様だと拝めるようになるまで一心にお慕い申して念仏を続けます。やがて如来様と自分との感応道交が起こり、心眼《しんげん》が開けば、正に活きて在《まし》ます如来様を目の当たりに拝めるようになっていきます。初めは薄ぼんやりとではあるでしょうが、次第にハッキリとより麗しく拝めるようになっていきます。

こうした一連の流れを納得し、自ら念仏に精進すること、これを「起行の用心」といいます。弁栄聖者のみ教えとそれを実践する修行の内容とが一体となって「円具教」が成立し、実効ある宗教体系が実現します。具体的には所帰の本尊仏と念仏者の安心起行の体系が伝統的な浄土教と同じではなく、就中、念仏実修のノウハウたる「起行の用心」が修行体系の中で別立され、かつ強調重視されている点が円具教の大きな特徴であります。これは本尊仏の相違とも大いに関わっているのです。

「弁栄上人様は安心起行を安心起行の形式と起行の用心にはっきり区別してお教え下さいました。安心、起行、作業とは三心、五種正行、四修のことであります。三心とは至誠心、深心、回向発願心であります。五種正行とは読誦、観察、礼拝、称名、讃歎供養の五種の正行のことであります。四修とは恭敬修、無余修、無間修、長時修の四つであります。この安心、起行、作業によって如来様を心本尊と仰いで念仏申せばミオヤのお世嗣になることができる、というのが安心起行の形式であります。起行の用心と申しますと、現に如来様を憶念しておる時の精神統一の仕方、理想を追求して一歩一歩ミオヤのお育てを蒙って行く時の精神の集中の仕方、目的とする三昧を成就するための心の用い方であります。起行の用心を誤りますと、いくら修行いたしましても三昧を得ることはできません。安心起行の形式は同じでありましても、起行の用心によって曲線道にも直線道にもなります。直線道でも三身四智の身となるのに起行の用心によって遅速の差を生ずるというように、念仏三昧の修行上より申しますと起行の用心は実に大切にして大切であります。」（『笹本戒浄上人全集』下巻、一六七〜一六八頁）

「従来他力易行道の念仏として一般に信ぜられております教学体系は……、仏身仏土論では、法蔵菩薩の酬因感果の報身《ほうじん》阿弥陀仏を心本尊と仰ぎ、起行の用心として、よしや見仏を重んじましても、起行の用心を安心起行の形式の中に従属させておる安心起行論であります。（これに対して）弁栄上人のみ教えは三身即一本有無作の目的論的報身《ほうしん》を根本仏、心本尊と仰ぐ仏身仏土論（であり）、安心起行の形式はもちろん重んじますが、起行の用心を更に重んじ、起行の用心として……、いつも大ミオヤの慈悲の聖容をできるだけはっきり、できるだけ大きくお念じ申す一点張りで、仏眼を得てから次第に極楽をはっきり見るように努力する安心起行論（であります。）……

A、浄土宗乗の安心起行体系

（一）安心

（イ）総安心　菩提心と厭欣心

（ロ）別安心―三心―｛至心―至誠心／信楽―深心／欲生我国―回向発願心｝―一心―用心※―｛往生想／引接想／帰命想／見仏想｝

※（用心は三心に摂属）

（二）起行　五種正行―読誦、観察、礼拝、称名、讃歎供養。

（三）作業

（イ）四修―恭敬、無余、無間、長時。

（ロ）三種行儀―尋常、別時、臨終。

B、光明主義の安心起行体系

（一）安心起行の形式

（イ）安心　三心―（形式）至心―（内容）信、愛、欲。

（ロ）起行　称説―五種正行―読誦、観察、礼拝、称名、讃歎供養。

（ハ）作業　不断―四修―恭敬、無余、無間、長時。

三種行儀―尋常、別時、臨終。

（二）起行の用心―目的とする三昧を得るための精神統一の仕方、理想を実現するための心の用い方。

大ミオヤの事実を正しく信じ、その真理の法則の通りに修行すれば、十方三世の一切の凡夫が、五根五力の第一歩より成仏してしかと妙覚、認識的一切智を得る終わりまで、修行の途中信念の変更を要しない最尊唯一の道として、私共を成仏の身として下さる絶対唯一の大ミオヤ、すなわち三身即一、本有無作の目的論的報身を心本尊と仰ぎ、いつもこの心本尊と首っ引きで、できるだけ高くできるだけ尊くお敬い申し、できるだけ深く、徹底的にお慕い申して、いつもその慈悲の聖容をできるだけはっきり、できるだけ大きくお念じ申す一点張りで、いい所ばかりを引っこ抜いて、仏眼を得てから極楽を次第にはっきり見るようにする、最も厳重でありますが、最も労少なくして効の多い見仏の道を起行の用心として、私共の性質、境遇のいかんに関せず、五根五力の第一歩から私共にお与えになりました。

起行の用心としての最も厳重な見仏の道に従って大ミオヤのお育てを蒙るのに三期がある。すなわち、

喚起位　難思光の五根五力

開発位　無称光の七覚支

体現位　超日月光の八正道

浄土宗乗の体系では用心を別安心、三心に従属させておる。

光明主義の体系では安心起行の形式と起行の用心を判然と区別して、安心起行の形式を重んずるのはもちろんであるが、起行の用心によって正しい三昧を得て大ミオヤのお育てをしかと蒙るように精進することが光明主義において最も大切であると強調する。」（同、一七四〜一七七頁）

## 二　起行の用心

前述、「第二章　般舟三昧」、「第三章　般舟三昧の実践」でも触れましたように修行の総体は要するに念仏であります。具体的には不断光に促され、難思光、無称光、超日月光という行儀門（修行信心分とも）の慈光によって修行が進み、いわゆる「光化・霊化」の実際が進められていくのであります。伝統ある般舟三昧の行法や三十七道品の、弁栄聖者による再発見・復活をもとに展開されます。

まず初めに、起行の用心をチャートによって全体像を示しておきます（一一八〜一一九頁参照）。

**年頭法語**

田中木叉上人が弁栄聖者から賜られたご法語は「年頭法語」の通称でよく知られています。その内容が起行の用心の大綱を示していると思われますので、まず拝読したいと思います。

木叉上人（一八八四〜一九七四）は一九一八年（大正七年）一月、三五歳のときに聖者に初相見しました。相見後、鎌倉光明寺裏の洞窟で単独別時の念仏を始め、しずくが落ちるので近くの物置小屋に移り、一週間籠られました。この年の一二月にこのご法語を賜わられたと伝わります。昭和四年、吉松喜久造氏が笹本戒浄上人より「今度、田中先生は仏眼が御開けになりました」と伺う。時に木叉上人四五歳。

ちなみに戒浄上人（一八七四〜一九三七）は一九一四年（大正三年）四一歳で初相見。聖者のご遷化は一九二〇年一二月四日でした。

「（起）大いなるミオヤは十劫正覚の暁より、可愛き子を待ちわび玉うとは、仮に近きを示せしものの、実には久遠劫の往昔《むかし》より今時《いま》の今日《いま》に至るまで、可愛き子の面《かお》の見たさまた子を思う親の心の知らせたさに、番々出世の仏たちを御使《おんつか》わしなされて、苦心懇懃《ねんごろ》に子らに諭して、**ミオヤ**の大悲の御手に渡し玉わんとせし、久遠劫来の思念《おもい》がかかり、大悲招喚の御声に預かりし田中道士の、至心信楽の心を注ぎて慕わしきわが**大ミオヤ**、ナムアミダ仏と呼ぶ声を、毫も遠からぬ道士の前に在《まし》ます**大ミオヤ**はさぞかぎりなき歓びを以て之に報答《こたえ》しますらんと信じられて候。

（承）道士よ、御名を呼べば現に聞き玉い、敬礼すればアナタは見そなわし玉い、意《こころ》に念ずれ

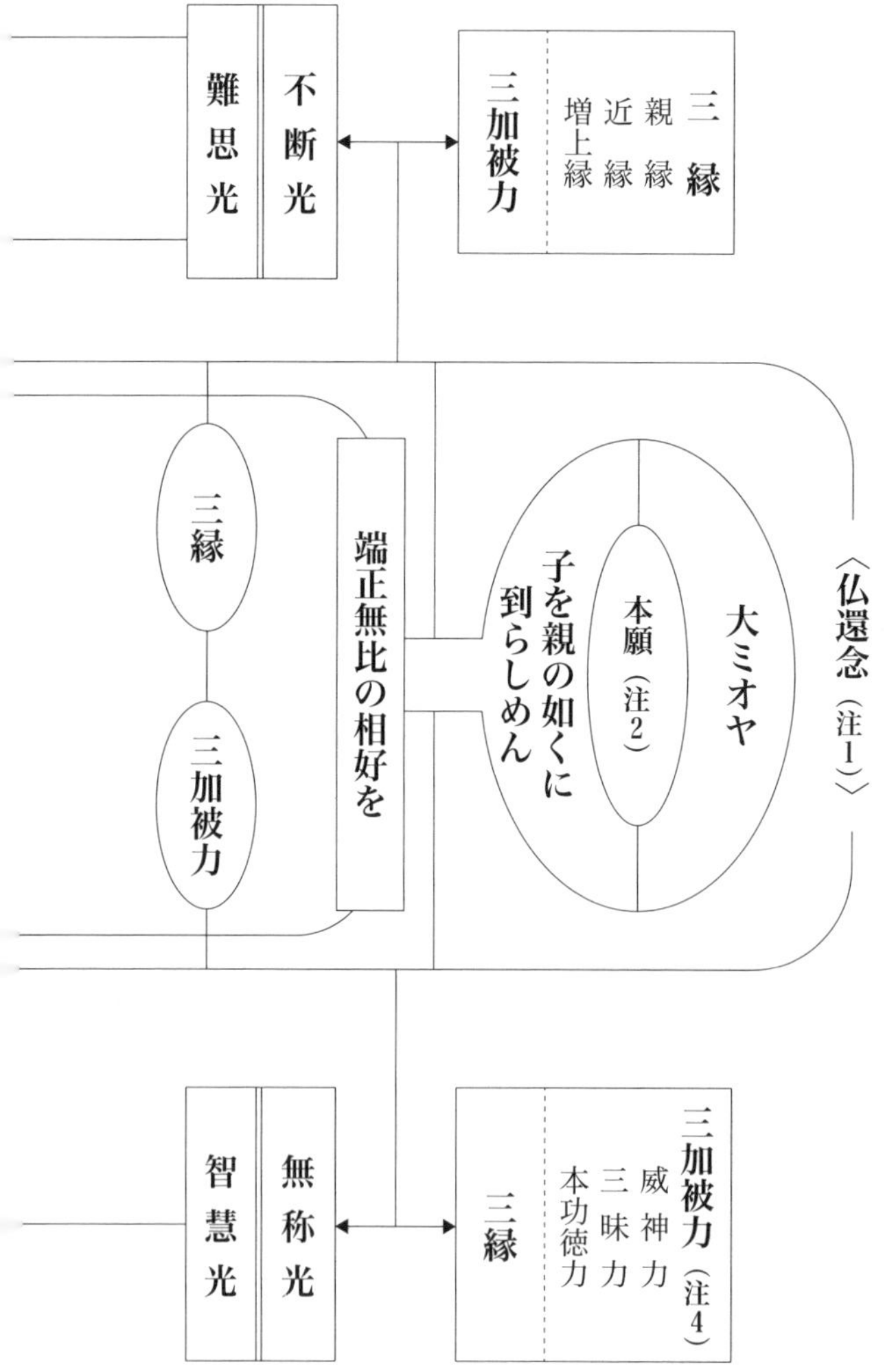
〈仏還念（注1）〉
大ミオヤ
本願（注2）
子を親の如くに到らしめん
端正無比の相好を
三縁
三加被力
三縁
親縁
近縁
増上縁
三加被力
不断光
難思光
三加被力（注4）
威神力
三昧力
本功徳力
三縁
無称光
智慧光

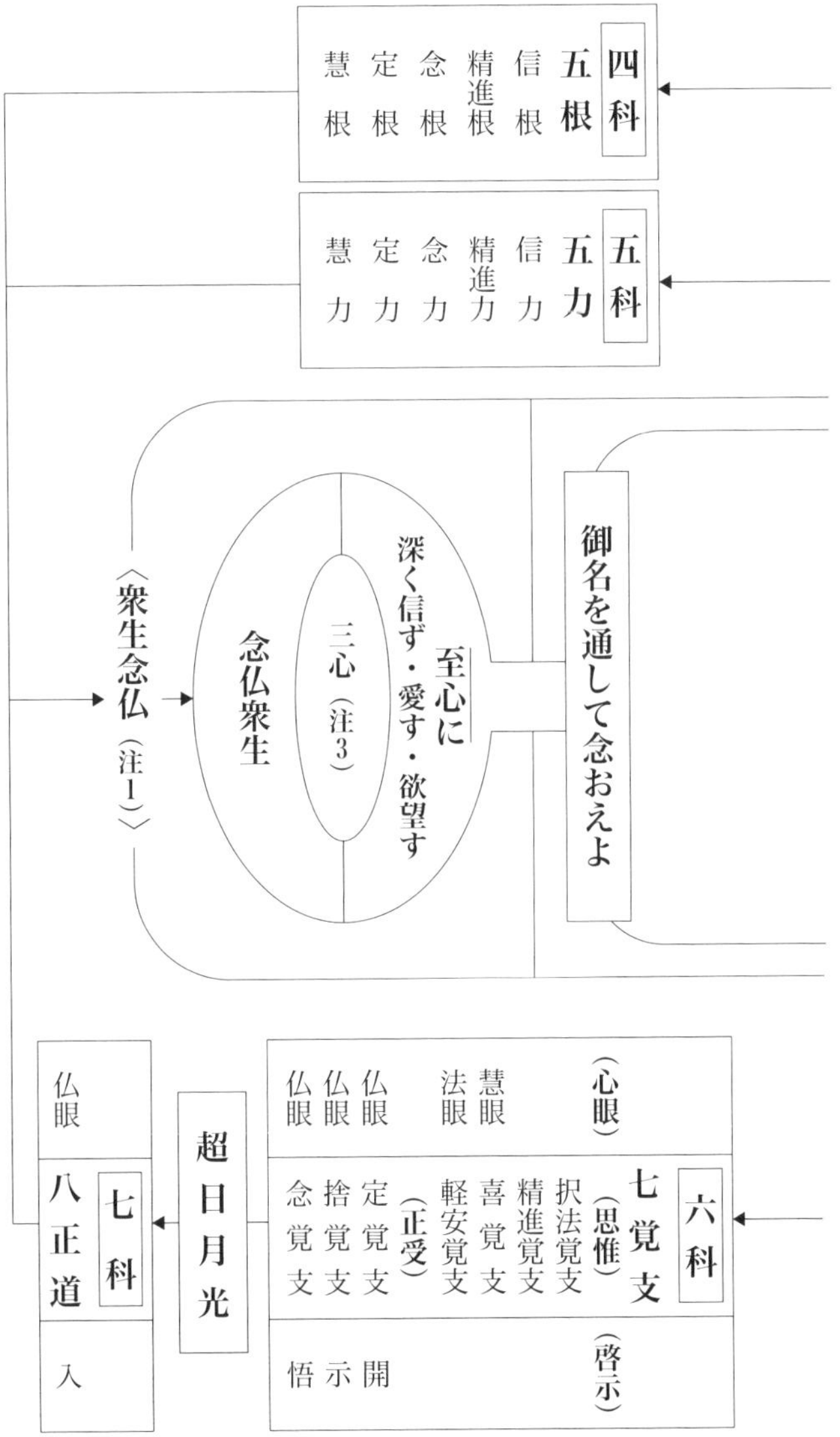


（注1）筑波山での弁栄聖者三昧発得の偈の第二句より。
（注2）『無量寿経』では四十八願のこと。
（注3）『無量寿経』では至心・信楽・欲生我国。『観無量寿経』では至誠心・深心・回向発願心。
（注4）『般舟三昧経』。善導大師は大誓願力・三昧定力・本功徳力、とする。

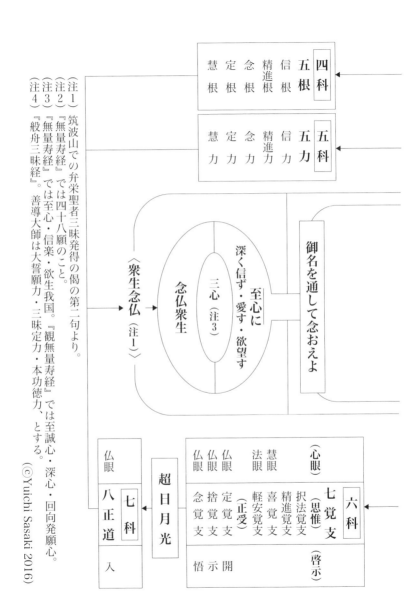

ばアナタは知り玉い、こなたより憶念し奉れば、アナタは幾倍か深く憶念しくださるるとの善導大師の指導にして誤りなからば、今現に念仏三昧を修しぬるに**大ミオヤ**の慈顔に接することを得られぬこととかくな思い玉いそ。また今現に大慈悲の懐の裡《うち》に在ることをもゆめな疑い玉いそ。

（転）此の肉体においても分娩せられてまだ幾日の間は母の懐に抱かれていながら懐かしき母の容《かお》を見ることができぬことにて候。しからばいかにせばわが母の容《かお》を見ることを得るに至らんとなれば、啼《な》く声に哺《ふく》ませらるる乳を呑むほかにはぐくまるるみち之なきことにて候。

念々弥陀の恩寵に育まれ、声声《しょうしょう》大悲の霊養を被る。

十万億土遥かなりと愁うることなかれ、法眼開く処に弥陀現前す。

（結）今宵は大晦日の夜である。世人多くは債鬼をのがるるに苦しみており、道士は無始以来の債を除いて、久遠劫来の親に逢いたさに泣いている。道士よ、今宵は無始以来迷いじまいの大晦日にして明くれば、本覚の無量寿にして無量光なる元旦に候えば、萬歳を以て未だ足れりとせず、無量寿のみ名を称えて、道士の聖なる元旦を祝し上げ候。」（『お慈悲のたより』上、四二一～四二三頁、かっこ内の起承転結は筆者挿入）

ほとんど解説の必要はありますまいが、きっちりと四段に分かれております。第一段は光明主義の阿弥陀様とは本有無作、宇宙の初めから在通《あり》しの如来様であることの念押しです。その実在を疑わず念仏を続けていると、如来と念仏者の交流がはじまります。これが第二段で如来の本願と衆生の三心の上に、いわゆる三縁の原理が働きます。親縁が詳しく説かれていますが近縁、増上縁も記されています。第三段は母と子の譬えから、乳飲み子が母の顔を見詰めながらお乳をいただいて育っていくように、如来の聖容《みかお》に心を注いで念仏を相続し、やがて大悲の霊養を被って感応道交が起こり、心眼が開けていく有様が詠われています。法眼開く処に弥陀が現前するのです。かくして永遠の生命、常恒の平和への一歩を印していくように、との聖者のお励ましが四段の結びであります。萬歳を以て未だ足れりとせず、の一文から中国浄土教の始祖曇鸞《どんらん》の逸話が思い出されます。訳経を続けるために長生の法を求めましたが、どんなに長生きをしても生まれ変わり死に変わりの輪廻を続ける限り真の長生ではない、仏教にこそ永遠の生命がある、と菩提流《ぼだいる》支《し》に諭されて浄土教に帰依したと伝わっています。光明主義こそ永遠の生命と常恒の平和への王道、円具教であります。

## 起行の用心——浄土への道しるべ

弁栄聖者は「わが祖（法然上人）、安心起行の要義を『選択集』に撰述したまえり。しかるに同集は……安心起行の要領にいたりては組織的にものしたまわざりしをもって……」とか「宗祖の法語（たとえば一枚起請文など）には心行の様を示したまえども、起行の用心については深く沙汰したまわず……宗祖は実修躬行自業をもって行相を示したまえり。しかして起行の用心については二祖（聖光上人）に伝授したまいし……」とも認識しておられたようです（『宗祖の皮髄』、一九頁、二二頁)。

聖者は起行の用心とは浄土への道しるべであり、また道中の節目節目を説明して「信者をして道中の労を忘れ、楽しき道に進ましむる」(『宗祖の皮髄』、二九頁)の工夫であるとしておられます。

『観無量寿経』の「われに思惟《しゆい》を教えたまえ、われに正受《しょうじゅ》を教えたまえ」と韋提希《いだいけ》が世尊に請われたことについて、思惟は仏の相好等をあこがれ想像に浮かべるものの、いまだ法眼開けず見仏の出来ない頃合いで、信仰の喚起位、難思光の時代です。法眼はまだ開けませんが三心、四修、五種正行などで正しい信仰へと出発し、五根、五力などで信仰の基礎を固めていく大切な行程であります。正受は法眼がしっかり開けたところです。

『宗祖の皮髄』に法然上人は「起行の用心については深く沙汰したまわず……」とありますのも、真相は当時の時代相への配慮からでありましょう。

平安末から鎌倉への移行期に当たる当時は、天災、飢饉、源平の戦乱等が相次ぎ、人心不安の世相に加え、念仏とは観想念仏と受けとめるのが常識であった時代です。観想ではなくとも別時的な、また憶念の念仏の勧めはなかなか正しく理解されず、また受け入れることが難しかったことでしょう。こうした制約から法然上人は当時にふさわしいやりかたで衆生済度のお説法をされたのであります。

しかし一方、同じく『宗祖の皮髄』には次の文章があります。

「しかれども、宗祖の霊的内容の弥陀に霊化したるところの、もっとも美に、もっとも霊《きよ》き、大いに味わうべき、甚だ楽しき霊に活きて、温熱の血の循《めぐ》るところの、内容の方面を忘れらるるはじつに憾《いたま》しきところ、じつにわが祖の、世にもっとも尊崇し、愛慕せらるる円満な人格は、かえって内容の豊富なるところにあらずやとおもう。……これぞ本講の目的とする、わが祖の内容を汲みとりて、ともに味わいともに活きんとするところたり。すなわちわが祖の内容を洩らしたまえるものは、道詠なりというべし。いかにとなれば、いったい歌というものは、自己の実感、自己の内容がおのずから詞《ことば》にあらわるるものなり。かの孔子が、〈詩三百、一言にしてこれを蔽《おお》えば、いわく思い邪《よこしま》なし〉（『論語』為政篇）と。詩や歌は理屈にあらずして感情の表辞なり。三百篇の詩がいずれにも通じたるところは、ただ思無邪なり。邪なしとは、自己のおもうがままに詞《ことば》に出《い》でたるにて、悲しいから悲しいと歌い、恋しいから恋しいと歌があらわるるなり。すなわちおもいのまま、実感のままにて、邪ないという。」

（『宗祖の皮髄』、二五～二六頁）

光明主義は理性と感性を同等に重んじ、片方に偏しません。後述の慧眼追求に偏れば理性中心となります。慧眼、法眼の両者円満を追求すれば仏眼が開けます。

「いま宗祖は寝ても起きても、心に仏を念じ口に名を称え、久しく弥陀の霊光に薫染し、仏陀に同化したる内容は、すなわち弥陀と一体なり。

あみだ仏《ぶ》に染むる心のいろに出《い》でば秋の梢の類《たぐい》ならまし。（法然上人）」（同、二六頁）

このように法然上人の真髄はまさにまったき起行の用心によって三昧発得の人となられた、その点にこそありというのが弁栄聖者のご拝察であります。不離仏値遇仏の念仏行を強調し実践されたことが事績や著書に明らかな聖光上人が浄土宗二祖と仰がれる所以を深く洞察すべきでありましょう。

## 用心は初めが肝心

起行の用心はつまるところ『観無量寿経』の思惟《しゆい》と正受《しょうじゅ》を正しく体験することに尽きるわけですが、その道程が五根五力七覚支にほかなりません。この道程を凝縮してきわめて簡にして要を得た具体的なご教示が笹本戒浄上人のご指南であります。

因みに「正受は三昧成熟して自己の霊性が発達し、法眼開けて直覚的に霊像が顕現して了了たるあたりをいう」(『宗祖の皮髄』、九二頁)、とあります。信仰の開発位、無称光のご慈光であります。

「たとえば初めには障子を隔てて皎月の有る方を想見するが思惟にて、いよいよ障子を開きて正しく月を眺むるのが正受なり。」(同、同頁) 思惟は難思光に照らされて五根五力へと出発するのです。

この辺を具体的に段階をおってご指南されたのが笹本戒浄上人です。

「起行の用心は見仏を所期とする、と申しましても、如来様よりお育てを蒙っております程度に応じて適当な心構えをするのが最も労少なくして功の多いお念仏の方法であります。

初歩の念仏者は心に**大ミオヤ**の慈悲の聖容《みかお》を念《おも》い上げる様に。

慈悲の聖容を念い上げられる様に成ったお方は生きた如来様を見奉る様に努力する様に。

生きた如来様を見奉る事の出来たお方は、慈悲の聖容を何時も見奉って居る様に努力しつゝ、如来様のみ心、即ち如来様の智慧（四大智慧）と慈悲をしかと自分のものとさして頂き度いと願って念仏申す様に。

如来様の智慧と慈悲を自分のものとさして頂きましたら今度は法身の全体と、しかと合一して無生忍を得る事を目標に何時も慈悲の聖容を見奉っておる様に努力する。

無生忍を得ましたら次には無生法忍を得る様に如来様をお慕い申します。

更に進んで認識的一切智を得て何時も慈悲の聖容を見奉る様にお念じ申します。

と云う様に成仏の直線道に依って三身四智の身と成らして頂く道中の名所名所を正しく追及して行く時の心の用い方が起行の用心であります。この起行の用心に依って成仏の直線道を進むのが最も宜しいのであります。

一枚起請文は安心起行の形式あって起行の用心はなし。」（『笹本戒浄上人全集』中巻、五一四～五一五頁）

以上のご指南は具体的ながらなお難しいとの感を禁じ得ませんが、文字通り懇切なるご指導もあります。とくに大切なのは念仏のお始めのところです。熟読玩味して念仏実修の指針としたいものであります。

「初歩の念仏者は心に大ミオヤの慈悲の聖容を念い上げる様に。」とありますように初めが肝心であります。いわゆる念根念力の用心に深く関わっていると思われますが、以下、ご指導のいくつかを紹介しましょう。

○初めに杉田善孝上人（一九一一～二〇一〇）のご法話

「……在《いま》さざる所なき如来様が御絵像（三昧仏）の所に、御絵像に即して、御絵像でない生きた如来様が、物質的御絵像に即していらっしゃる。（このように弁栄聖者はお教えです。）初心の間は、そう思うということは分かっているようで中々できない、それじゃお念仏する時にどう思ったらいいんですか、ということについてですが、如来様が現に御絵像となっていて下さる。いやしくも如来様をお慕い申す限りは唯の御絵像でない。生きた如来様だ、生きたオヤ様だと。だから生きたオヤ様のお顔を私共はお見つめしているのだと。赤ん坊がお乳を頂きながら、じーっとお母様のお顔を見ている如く、そういう思いを以て如来様をじーっと見ているんだということが大切であります。

だから初心のお方にとりましては何が大切であるかというと、生きた如来様をたとえ心の中に拝めずとも、また心の中にその御姿を憶い上げることが未だできずとも、〈三昧仏様のような人格的な如来様が、お念じ申す私共の真正面にいて下さる。お念じ申しお慕い申せば、オヤ様は私共に対して慈悲の眦《まなじり》を注いで見ていて下さる。一層倍か深く私共のことを思っていて下さる。一心にお慕い申すれば、ちゃんと念ずる私共の真正面に御絵像となっていて下さる〉、こう思ってお見つめ申してお念じする。だから、お見つめ申すことは後《あと》、生きた如来様が御絵像となっていて下さるということをお忘れ申さないということが基本、先。これが初心です。」

(『杉田善孝上人　唐沢山別時御法話　第一編』、三六〜三七頁、昭和五九年八月の別時)

○次に笹本戒浄上人。

「浄土の活きた如来様が、あの三昧仏様のお絵像と一つになって居て下さる、と深く信じて、じっと三昧仏様のお絵像をお見つめ申す時には、ただのお絵像をお見つめ申しておるんではない。お絵像と一つになって居て下さる活きた如来様の慈悲の聖容をお見つめ申しておることをいつも忘れないように努めに努めております。すると三昧仏様の御姿を拝しますと、すらっと活きた如来様の御姿を拝しておるんだ、というように感ずる。三昧仏様のお絵像をお見つめ申しておらない時に、最初は私共の記憶の形で心の中に慈悲の聖容が想い上げられる。この事実を弁栄上人は〈或いは形像《ぎょうぞう》に表明せるものを写象し之を反映して客体化して啓示する如く〉(『光明の生活』、一九六頁)とお教えくださいました。いやしくも、私共の人格を完成して頂くために活きた如来様の御姿をしかと見奉るようになりたい、と念ずる者の心に浮かぶ大ミオヤの慈悲の聖容は、ただの記憶ではありません。弁栄上人のこの御教え通り一種の啓示であります。だから、もとより相好円満な浄土の活きた如来様が私のこの記憶の御姿をもって心本尊となって下さったのだと深く信じて慈悲の聖容をできるだけはっきり想い上げることができるように努めなければなりません。」（笹本戒浄上人『光明主義注解』、一三一～一三二頁）

○この〈形像に表明せるものを写象し……啓示する如く〉をさらに敷衍する戒浄上人の口述があります。（泉虎一師筆録）

「〈啓示する如く〉とありますからただの記憶ではありません。感覚的啓示の一種であります。〈実にお浄土の活きた如来様が三昧仏様の記憶の御姿をもって私共の心にお宿り下さったのであるからこの心の中に想われる慈悲の聖容《みかお》をいつもお忘れ申さないようにせよ。たとえ月に目鼻をつけた程でもよいから心にミオヤの慈悲の聖容を想い上げていつもいつもお慕い申せ〉と弁栄上人がお教え下さいました。また〈決してあだやおろそかに思ってはいけない。三昧仏様の御姿が記憶できるようになった、などと思ってはいけない。活きた如来様が記憶の御姿をもって心にお宿り下さったのであるから時々は恭敬尊重の想いをもって三拝九拝せよ〉と申されて、弁栄上人ご自身がこのように畳にじかにおつむりをお着けになって私にお教え下さいました（戒浄上人も同様に三拝なさる）。平常この用意を欠きますと後にきっと悔いる時があります。

心の中に想われる色形に心を注ぐほど精神統一によい方法はありません。……三昧仏様のお絵像と活きた如来様が一つになっていて下さると信じて、しげしげと慈悲の聖容をお見つめ申して毎日毎日お慕い申して念仏しておりますと、時としてトロトロと眠くなることがあります。その時に心を一段と引きしめてじっと慈悲の聖容をお見つめ申す時に平面的のお絵像に即して立体的の御姿を見奉り、これはただのお絵像でない、活きた如来様であると感ずることがあります。三昧仏様の聖容をじっとお見つめ申しお慕い申して念仏しておりますとお絵像に即して活きたミオヤの聖容を拝して美感を感ずるようになります。この美感を感ずるようになったところは初歩の三昧心が成就しかかったところで、心の眼が少しく開けた時。……

『無辺光』の「妙観察智」のところ（三〇四頁）に、

〈また仏の画像また形像に対して、思想観察憶想して熏修久しく観成ずる時、瞑目開目に見ることを得る如きも、全く深く観達する時は、表象ますます明了となりて、美感即実感となる。同じく心眼において明了に知見することを得〉と書いておられます。弁栄上人の御教え通りにミオヤをお慕い申して、平面的の三昧仏様をじっとお見詰め申して念仏申しておりますと立体的の活きた聖容を拝して美感を感ずるようになる。更に念仏しておると美感即実感となる。更にお育てを被りますと正しく活きたミオヤにお遇い申して霊感極まりなきを感ずるようになる。この事実と弁栄上人が三昧仏様を平面的にお描きくださいましたことと深い関係があります。深い訳があります。どのような訳があるか自ら体験なさるがよろしゅうござんす。弁栄上人は機根の劣った者でも逆境にある者でも容易に活きたミオヤにお遇い申せるようにと、三昧仏様の御姿を平面的にお描き下さって、その慈悲の聖容を憶念せよ、とお教え下さいました。このような御教えは達人中の達人に在します弁栄上人でなければできないことと信じております。」

ここで三昧仏が平面の絵像で描かれている利点を考えてみましょうか。

①立体像よりはリアルでないため偶像視への誘惑がすくない。

②雲上半身のため妄念妄想が起こりにくい。

③念仏者の座る位置による見え方の差がすくない。

④真正面にましますと思いやすい。

⑤修行の進みに連れて立体的に拝めてくるが、どの程度立体的に見えてくるかによって、自己の霊育度の反省のよすがともなろう。

以上、恥の上塗り覚悟で記してみました。

○杉田善孝上人は、先のお話と別の機会（昭和六二年七月）に次のようなご法話をされました。

「弁栄聖者は〈たとえ月に目鼻をつけたほどでもいいから、心の中に如来様を憶い上げてお念じ申せ〉とこう仰いました。活きた如来様を憶い上げるという、そうなら結構だけれど、月に目鼻をつけたぐらいの如来様を憶い上げるということをしたところで、一体何の役に立つのかと、こういう風に初めは思われるでしょうが、そこのところが実に大切であります。……黒く、月に目鼻、そういう状態でお宿り下さっても、そのオヤ様を活きたオヤ様と思ってお慕い申しお念じ申し、よりはっきりと、より麗しく憶い上げ憶い上げしていく、こういう風にしているというと、ついに私どもをオヤ様の聖旨《みむね》にかなう世継ぎと変えてくださる、こういうわけでございます。……真っ黒のお月様がいきなり十日月とか一遍には成ることはできませんでも、三日月、四日月、五日月という風に、分に応じて私どものお念仏を成就させていただくわけです。そしてやがて黒いところがすこしもない、十四日月、十五日月となりますとこれはもう念仏三昧の発得であります。それまでは、分に応じた、念仏三昧の分の発得であります。……

　口で称えるところは南無阿弥陀仏、心でお念じ申すところは如来様のお慈悲の聖容《みかお》。この世の中のあらゆる縁というものを放下して、万縁を放下して、心でオヤ様をお念じ申し、口で南無阿弥陀仏という、心念口称のお念仏をご同様に精進させていただきとうございます。同称十念。」

○以上のような状況は要するに如来と衆生心との接近不可離の関係、すなわち生仏感応ということですが、これについて弁栄聖者は『光明の生活』の中の「感応の近縁」と題する一文で説明されます。以下はその大意。

如来の光明という如来の霊力は宇宙に遍在し万有の中に存在する。一切衆生心はこの一大霊力中に在るのであるから一大霊力と衆生心は根底において離れていない。人が大気を離れて生活しえないことと同様である。このように両者は本来一体ではあるものの衆生の信念なる心機の活動が起こらなければ感応という不思議の妙用《みょうゆう》は発《おこ》らない。人が拍手をすると音がする。空気という音の原料があるからである。空気はどこにでも遍在しているが、人が両手を打って拍手をしなければ音は出ない。それと同じく如来の一大光明の霊気は宇宙に遍在するけれども衆生が一心の信念という拍手をしなければ感応はおこらない。

「もとより如来の本体すなわち一大霊光が法界に周遍するも衆生の信念を以てこれを叩くにあらざれば感応の響きは発せざるなり。皎月はもとより清き空に照らすなるも心念の水澄まざれば応現の影は感ぜざるなり。」

「ただ信ぜよ周遍法界の如来を。深く念ぜよ一大霊力の光明を。この信念を外にして如来を求むるは不可能のことに属せん。」(『光明の生活』、一四六〜一四七頁)

信念の重要さについては別のご本でも「ミオヤのお答え」と題する一文に書かれています。

「大いなるミオヤは十方法界を遍く照らし、わけてもわが名を呼びて頼む者に答える心光をもって衆生の心霊に霊妙の響きを与え給う。あなたが一心に余念なく称名するとき、弥陀に対して真正面に心を向けて念ずるときは、あなたの真正面にましますミオヤはまた真正面のあなたに答えるに霊なる響きをもってす。あなたにお答えがいかに聞こえ上げられますか。それともまた、お答えがしかと聞こえ上げられませぬか。お答えの響きが感じられませぬか。もしあなたが聞こえぬといわば、そは何故に聞こえぬのでしょう。

ミオヤはあなたを真実に愛してましますことなれば、やるせなき親心で

〈汝はよくも思いつきしぞ、汝が真心からわがミオヤと云うてくれよかしと忘れる間もなきに、よくもわが名を呼んで頼む心を起こせしことよ〉

と思召す如来にましませば、あなたの称名にお答えなきはずはない。必ずお答えはあるはずなれども、あなたがよそ心のためにお答えをみずから聞き外しているのかと思う。実に甚深微妙なるお答えの響きは、粗略な思いをもっては聞こえ上げられぬ。

私（弁栄聖者）には御名を呼びあげる毎に微妙の霊感をもって答え給うことなれば、ましてあなたに対してお答えがないはずはない。……私は次のように心を至《いた》して念じ上げ、またお答えの響きが聞こえ上げられます。

真実に如来様は私の真正面にましますことを信じ、深く念上《おもい》げて、ナムアミダ仏と余念なく、おのが心の統一するまで念仏しておりますと、漸々に心も静まりて余念なく、ただ、如来様の面影がおのずと彷彿として思われてくるときに、何ともいえぬかたじけない有り難さの霊感が感じられてきます。これぞ如来のお答えであります。如来のお答えは耳には聞こえぬが、直覚的に心に聞こえられるのであります。あなたもかように念を用いて一心に心を至して念仏して真正面の如来に向かって念じ上げ、心の統一するまで念仏し如来の霊響を聞き給え。初めのほどは二時間も三時間もかかっても、それはあなたの一大事のことですから辛抱なされ。だんだんに時間が短くても心の統一ができて、ますます純熟するにしたがってついには念仏しさえすれば、たちまちに三昧に入って如来の霊響に充たされる妙境にはいることができてきます。これすなわち感応道交と申します。この感応道交が宗教の唯一の機関（仕掛け、はたらき）であります。もし感応の聞こえぬは、古人が〈祈りてもしるしなきこそしるしなれ、己が心に誠なければ〉と。」（『難思光・無称光・超日月光』、二八〜三〇頁）

法然上人にも「しるしなくばわが心を恥ずべし」との言葉があります。「一百四十五箇条問答」の一三九番に「現世を祈り候に、しるしの候わぬ人はいかに候ぞ」との問いに対する答えで、しるし（効験）のないのは仏が偽りをなし給うたというのではない。念仏を称えて験がなかったならば己の心に恥じなければならない、とのお諭しでありました。

## （補注）アイデティクについて

弁栄聖者のお伝記に、一二歳の秋には杉林の繁れる前に在って想像ではあるが弥陀三尊の尊容を空中に拝されたこともあった、との記述があります。原文には聖容を「想見」された、と記されています（『日本の光』、二五頁）。

外界から刺激を受けないのに受けたように感ずる異常な感覚を一般に幻覚といい、幻視、幻聴などがよく知られています。しかし聖者のこの経験は田中木叉上人によれば「アイデティク」（直観像）だと説明されます。

「弁栄聖者が十二歳のときに拝まれたのはアイデティクである。アイデティクは聖き心によみがえらない事が特徴である。しかしそれは梯子段になる。」（冨川茂筆記『田中木叉上人御法話聴

書』、七四頁）

「女性と子供はアイデティクが多い。指導宜しきを得ないと大木になるべきものが心止まりになる。炭に火が燃え付いて火にならねばそれはアイデティクである。」（同、五〇頁）

「信心徹透せる人には霊応身が宿りたまう」との文に続いて、

「1．肉眼に見えるお姿＝お絵像

2．心にうつるお姿＝表象（Vorstellung）

3．直観像＝アイデティク（Eidetik）天女の踊る姿が見えたり、お稲荷様の行列が見えたりする。子供にはアイデティクが見えるものが多い。

4．見仏

念仏三昧すると本当の霊応身（真応身？）が現れて下さる。直観像と違うことはお稲荷様の行列を拝む方は自分の心に変化が起こらぬが、霊応身を拝む方は〈仏身をみる者は仏心をみる。仏心とは大慈悲これなり〉（観無量寿経）となる。」（同、一八頁）

「直観像でなく霊応身である限り、如来様のお姿を拝めたら智慧か慈悲かが頂ける。」（同、一八頁）

「お浄土のお姿よりもこちらへの働きかけが大切である。幻覚であれば働きかけは無い。幻覚と違うアイデティク（主観の客観化）は夢と同じである。それは真境とは違う。」（同、三三頁）

ここの「夢と同じである」に関連して思い出されるのは唯識教学の、夢を独頭《どくずの》意識《いしき》の一例とする立場です。独頭意識とは前五識（五感）を伴わず単独にはたらく意識で、定中の意識（禅定の心の中で起こる意識）、独散の意識（独りあれこれと思う乱れた意識）、夢中の意識（夢の中ではたらく意識）、の三種があるとされます。アイデティクとは宗教現象学にいうところの本質直観、あるいは形相直観と訳される事態でしょうが、ここにも東西の学問の出会いとその異同の研究が今後の課題となりましょう。

「アイデティクは心の中にあるものが閉目、開目ともに向こうに見える。主観の客観化である。芸術でも科学でも、発見家には機械が自分の外に見えてくる。迷信や幻覚ではない。しかし其処に腰をかけてはいかん。無漏の真境はその奥にある。それが法眼である。」（同、四六頁）

## 三　念仏の進みと三十七菩提分法

### 念仏で何が起こるか

①まず摂取不捨のお働きがなによりありがたいところです。

如来の「一々の光明は遍く十方の世界を照らして念仏の衆生を摂取して捨てたまわず」（『観経』真身観）。

②有相《うそう》の般舟三昧《はんじゅざんまい》、起行の用心

仏教の瞑想の伝統は止観《しかん》、止のシャマタと観のヴィパシャナーとされています。止は何かに心をつなぎとめて心の統一を図ることで、つなぎ止めの対象をズバリ仏様にもってきたのが般舟三昧。このように仏様に向き合い、仏さまを人格的存在として仰ぐということが有相ということです。如来様の仏身を目の当りにしている、その如来の聖容《みかお》をお慕い申しお遇いしたいと念ずる思いが起行の用心で、ここがポイントであります。唐沢山の岩壁に刻み込まれた弁栄聖者の『御垂示』にも「意《こころ》に弥陀の身を憶念し、口に弥陀を称え」と示されてあります。

「色もなく　香もなき智慧のみ光は　色香をそえて子らを招きつ」というお歌があります。たしか中川察道上人のお歌です。如来さまを拝まれたお方ならではのお心と拝察します。

念の為ながらここでは観想念仏または観仏三昧のことを云っているのではありません。観仏三昧はまずあらかじめ三昧心を養成したうえで如来の三十二相というような相好《そうごう》を一つ一つ観察していく行法です。まして禅のような無念無想の瞑想でもありません。

③念仏と心眼・啓示——念仏で何が起こるか

如来さまが真正面に在ますと信じて、「なむあみだぶつ」と呼びかけ、心に憶いお慕い申すというご指導、ここが本当にありがたいところです。この般舟三昧の真髄は弁栄聖者の大谷仙界上人へのお便りでご教示になっています（前出、「第三章　般舟三昧の実践」参照）。聖者のお筆になる有相の三昧仏を報身の如来と仰いで一心に念仏をします（紙に描いた絵像→記憶の顕れ→美感→実感→平面でなく立体に→活きた如来さま）。

この念仏はいうまでもなく「念声是一《ねんしょうぜいつ》」の念仏です。「端正無比《たんじょうむび》の相好《みすがた》を御名《みな》を通して念《おも》えよ」がポイントで、かくてこそ憶念と称名は一体となり、名体不離の念仏となり、心眼開け、啓示を受けることになります。

念仏によって「あなたの心はみだの御慈悲の面にうつり、御慈悲の面はあなたの心にうつり」、そしてやがて「あなたのこころはなくなりて唯のこる処は御慈悲の如来さまばかりと成り候」という境地が開けてきます。空《くう》が開けてきます。そして空の境地に入って、阿弥陀如来の万徳を振り向けていただく回向という仕組みが働きだす。この回向によって心眼が開け、心眼が仏眼にいたると智慧光の啓示が始まります。法然上人は「名号は是れ万徳の帰する所也」と申されました。『選択集』三章段に阿弥陀仏の四大智慧を初めとする内証《ないしょう》の功徳（四智、三身、十力、四無畏等）と、光明や説法で衆生を救うお働きの外用《げゆう》の功徳（相好、光明、説法、利生等）の悉くが弥陀の名号の中に包含されていると明かされています。弁栄聖者はこれを十二光で仰がれて、十二光の中に念仏のあらゆる功徳が実現していくと領解《りょうげ》されたのであります。

「念仏で何が起こるか」については、『礼拝儀』の「光を獲《う》る因《ちなみ》」のお歌が最も簡潔的確にお示しになっています（前出、「第一章　円具教」参照）。

## 三十七菩提分法（三十七道品）

菩提を得るための修行法として、『維摩経』など初期大乗経典でもよく知られた代表的な実践論が七科三十七菩提分法であります。七科とは三十七の階梯を七つに大別した分類で、伝統的には「第一科四念処《しねんじょ》、第二科四正勤《ししょうごん》、第三科四神足《しじんそく》、第四科五根《ごこん》、第五科五力《ごりき》、第六科七覚支《しちかくし》、第七科八正道《はっしょうどう》」という計七科三十七道品の修行の道程であります。しかし長い歴史の中で次第に宗派的実践論にとってかわられ、いわば閑却視されていたこの実践の体系を再発見し、四神足を第二に、四正勤を第三にと順序を入れ替え、かつ内容的にも自内証をもとに実践に一層役立つよう工夫を加え、いわば活を入れられたのが弁栄聖者その人です。

四念処から四正勤までを大きく括れば、凡夫と如来の違いを認識して信仰の出発点を確認し（四念処）、信仰心を育て上げる心構えを自覚して念仏に励み（四神足）、仏の聖意に契《かな》う心を善として廃悪修善の修行に勤しむ（四正勤）のが念仏修行の基礎になります。よく知られた術語で要点を絞りますと、念仏三心のうちの深心――信機・信法の二種深信とそれを起点とする求道への助走の心構えといえましょう。五根五力からが念仏修行の本格化と思われます。『阿弥陀経』の経文に出るのも五根、五力、七覚支、八正道といった後半の道程です。『阿弥陀経』が極楽の有様を述べるところで、カリョウビンガ、グミョウノトリなどの種々の霊鳥がいて、「昼夜六時に和雅の音を出だす、その音、五根、五力、七菩提分（七覚支に同じ）、八聖道分、かくの如き等の法を演暢す」るとあり、その声を聞くと極楽の衆生は仏法僧を念ずる、とあります。演暢とは説き述べること、五根等の内容についてはは経の解説書をみてもほとんど触れられていません。

七覚支については長い歴史の中で種々に論じられてきたようで、たとえば念覚支を第一番におく、などの考え方も指摘されています。しかし今は弁栄聖者の配置に従って念覚支は第七覚支とする考え方で学んでいきたいと思います。八正道は七覚支で仏眼を開いた後、さらに超日月光の恵みをも受けてお世嗣となり衆生済度を実践する道ですから、今ここでの詳述は割愛いたします。

弁栄聖者は大正八年、高足の御弟子方を集めて「念仏三十七道品」と題して特別の講演をされ、その口述筆記が残されています。聖者はこの講演の冒頭に、

「宝石は磨かざれば光を成さず。瓦のごとき下等のものはその要なし。貴金石のみますます磨く必要がある。人間も高等動物ほど磨く必要があるのである。牛馬が別時念仏も出来ねば、行じても進みはせぬが、人間は仏智見を開発するようになる。道に従って行けば、村、国、その道に従って郡役所または県庁、王城にも至る。今、念仏もその道諦に従って行けば必ず念仏三昧に入り、仏智見を生ずるものなり。三十七の道品はすなわち念仏の道品である。これによって弥陀宝王の許に至るのである」(橋爪勇哲編『念仏三十七道品御講演聴書』)と。

聖者の講話の筆録された『念仏三十七道品御講演聴書』においても大体根と力が併行して記載されていますが、ただ次の文章は注目されましょう。

「根は養分をとって芽が成長するのである。また、根が張れば風に吹き倒されることもない。

信仰も根強く出来ぬと他から誹り倒されるのである。五力五根は潜勢力で五力は内面に今少しずつ、次第に発達して来る力である。五根により如来の滋養を吸い取る力が付いて来る。子供が乳を呑んで次第に肥大して力づいて来る。乳が消化されて自分の力となる。その養いを受けることになるから資糧位と云うのである。」（同、一二三頁）

「慧とは、今ここは（定覚支の仏眼以後の）開発の慧とは違うが、なんとなしに如来の実際を信じて、知り得られて来る夜明け位の処である。ほのかに如来の相が現れる処、禅家は門より入るものは実の宝ではないと云うが、外から聞いて始めの内に、かようなものだと知った如来は本当の定《じょう》ではない。今の慧は内心よりほのかに得た慧であるから実際の活用が出来る。入れ智慧は、裏からともすれば剥ぐるが如きで本当の役には立たない。」（同、三〇〜三一頁）

高弟のお一人、佐々木為興上人によれば、「安心は鋳型のようなもので、用心はナムアミダブツ、ナムアミダブツと安心の鋳型に内容を入れていく入れ方をいう。五力というのは宗教の行業の力がついてくる。如来様を信ずる力、憶念する力、精進する力が発達して……お念仏を相続することができるようになり途中で崩れるようなことがなくなってくるのです。ゆえに弁栄聖者は根は安心と用心であり、力は行業の力能である、と申されました。」（『同上人遺文集』、二三三頁）

また聖者は七覚支は見道、すなわち通達位とみておられますから、その前の五根五力は資糧位から加行位《けぎょうい》のところと受けとれば、資糧位の中心は五種正行の実践とそのための五根五力となりましょうか。そのうち加行位とはいわゆる十回向位の最終段階（四善根）で比較的短期に通り過ぎて通達位への架け橋になると考えられますので、五力の大半、少なくとも慧力は加行位に当たるといえましょう。

また四科の慧根が根付いてこそ五科の信力が真実に芽生えるとも考えられます（注）。

（注）修道論――資糧位、加行位、見道などについて

現在では宗派ごとに諸々の成仏論が主張されているが、通仏教的な原論とみなされるのは唯識のそれであろう。論理的に精緻に整備されているのが特徴で、厳密には修道の形式論である。

| | | |
|---|---|---|
| 資糧位 | 十住<br>十行<br>十回向 | 第一阿僧祇劫《だいいちあそうぎごう》 |
| 加行位《けぎょうい》 | 十回向の最終段階 | |
| 通達位《つうだつい》（見道） | 十地《じゅうじ》の初地に入る（入心） | 第二阿僧祇劫 |
| 修習位《しゅじゅうい》（修《しゅ》道） | 十地の初地（住心）から七地まで | |
| | 十地の八地から十地まで | 第三阿僧祇劫 |
| 究竟《くぎょう》位（無学道） | 仏果 | |

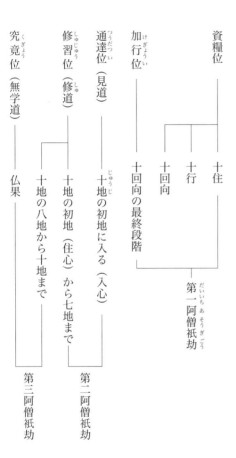

○資糧位に入ったものを「三賢」といい、加行位を「四善根」ともいう。十地の修習位に入ったものが「地上の菩薩」とされる。

唯識は十住、十行、十回向、十地の修道を経て仏に成る四十一位の階梯とみるが、日本や中国では華厳宗にみられるように十住の前に十信を加え、仏を等覚《とうがく》、妙覚《みょうがく》に分けて五十二位とする見方も多い。

○平等性智と妙観察智は初地（通達位・見道）に起きる。但し、まだ入心の間は修行時など一時的に起きるのみとされ、住心の初地に至って初めて本格的に二智実現となる。

## 五根五力の大体

佐々木為興上人のご説法（『佐々木為興上人遺文集』、一八一〜一八四頁）からごく簡潔に五根五力の骨子を引用します。

信根、信力…念仏の教えを信じ如来の実在を信じて疑わない。「実在不疑」

精進根、精進力…どんどんお念仏に精進。「切磋琢磨」

念根、念力…次第に、いつも如来様が念頭にかかっていて、「憶念不忘」となる。

定根、定力…次いである程度まで三昧に入ったところ。しかしまだまだ浅く、三昧に逍遥する程度と云う。「三昧逍遥」

慧根、慧力…慧とは「覚の自認」といわれ、ここに到れば信の満位。定根定力までは親鶏が卵を暖めている段階で、いわば唯識説でいうところの資糧位の頑張り、至心不断の念仏が続くところだが、その最後の瞬間に卵の殻が破れてヒヨコが現れたところ、すなわち加行位で僅かながらも光明を頂き、心の曄瞳《あけ》となり恩寵の喚起位に立ちいたる。「啐啄同時卵皮開裂《そったくどうじらんぴかいれつ》、覚の自認」

## 七覚支の進みの大体

「七覚支の修行に入るには、……五根五力の修行によって、一心に念ずれば心にほのかにでも大ミオヤの慈悲の聖容が心に想い上げられるになっておることが絶対不可欠の条件である。……そして正しく大ミオヤをお慕い申すために、その慈悲の聖容に心を注ぐのが択法覚支の修行である。……慧眼、法眼が次第に深く開けるのは喜覚支から軽安覚支にかけてである。軽安覚支では、大ミオヤの真理の法則によって、まず慧眼が明了になり次いで法眼が明了になる。まず明了に開けた慧眼で合一した本来無一物本来無東西の中に、明了な法眼で報身の聖容を見奉ることができるようになる。

初歩の仏眼で三身即一の報身仏の慈悲の聖容を見奉ることができるようになった境界が感覚的啓示の満位（智慧光による啓示の四位でいえば「開」の位）、定覚支を得た境界である。（啓示については後述します。）

初歩の仏眼が明了に開けて、いちおう三身即一の報身仏の大智慧大慈悲の内容を三昧体験するのが写象的啓示の満位（すなわち「示」の位）、捨覚支を得た境界である。

捨覚支より更に進んで、仏眼で三身即一の報身仏の御姿を念に応じて見奉る自由を得た後に、大ミオヤの光明にしかと照らされて法身と合一して本来無一物本来無東西と成った状態が大ミオヤの法身理想的啓示（すなわち「悟」の位）を得た状態である。法身理想的啓示により本体の法身と合一できた仏眼の自境界が念覚支である。慧眼で法身と合一したのは浅い境界なので理想的啓示とはいわない。」（笹本戒浄上人『光明主義注解』、五四二～五四三頁）

なお、啓示にはさらに「入」の位というのがあり、これは念覚支の境界が一層進んで超日月光のお育てをも受けて三身四智の仏眼が開けたところ、「聖の世嗣ぎ」（「聖《きよ》き世嗣」）の境界であります。

佐々木為興上人は七覚支のそれぞれを次のように四字熟語でお示しです。

択法覚支…決択智慧　正邪分明　精進覚支…刻己奮励　精錬金垢
喜覚支…身心漸調　微感喜楽　軽安覚支…久々薫習　身心平安
定覚支…神気静明　三昧現前　捨覚支…任運無為　常与仏在
念覚支…薫錬純熟　念即仏心

（『同上人遺文集』、三九九頁）

## 四　五根五力

### 転依

さてようやく五根五力に入ります。七覚支への前方便とされますが相俟って五種正行、なかんずく観察正行が体験され、やがて如来の啓示をうけていく行法、ないしそのノウハウが五根五力七覚支の導きといえるでしょう。

これまで「般舟三昧」や「起行の用心」として紹介してきましたことを含め、これから五根五力や七覚支、最終的には八正道までの念仏修行の全行程を通覧しますと、いわば「往生の一歩一歩、一齣一齣の方法と転依の様子である」ともいえようかと思います。往生とは娑婆から極楽へというような「場所の移動」ではなく、まさしく「状態の変化」、すなわち転依の様子にほかならないというのが原義に忠実であるそうです。

転依は唯識教学の聖典『成唯識論《じゅうゆいしきろん》』に出る通仏教的な用語です。ついでながらざっとご紹介しておきましょうか。

迷いから悟りへというのは一大飛躍で、仏教用語では心のありようを転ずる（変化せしめる）ことを転の字を用いて、この大変化振りを表現します。転捨と転得が対になり、この変化の全体を転依《てんね》といいます。転捨は単純にいえば心の汚れたありよう（雑染分《ぞうぜんぶん》とか依他起上の遍計所執性）を捨てる、断つ、滅することです。転得は心の清浄なありよう（清浄分《しょうじょうぶん》、依他起上の円成実性）を得ることです。転依はこの一連の変化で、唯識教学ではこれについて精密な理論があり、そのため多様な意味を持つようになりました。凡夫は阿頼耶識を依り所とし、仏は大円鏡智を所依とするといわれます。要は人間存在の依り所・根拠が変化し、具体的には汚れた迷いの状態から清らかな悟りの状態へ転換するには修行の力、智の力（能証因といいます）が大きな役割を果たすということです。ここで「智」について定義的な意味合いを確認しておきますと（横山紘一『唯識 仏教辞典』）、じつはこれがまた大変で、大別して六種のグループが挙げられています。たとえば、「対象をはっきりと決定的に智《さと》る心の働き。真理をさとる心の働き」というグループには有漏智・無漏智、世間智・出世間智などの二種に分類するものから、世俗智、法智など一〇種に分かつもの、果ては一三種に分かつものまであるそうです。

ここでは別のグループ、すなわち「識に対比される智」が重要です。識（ヴィジュニャーナ）とは、主・客が対立する二元対立的な虚妄な認識であるのに対して、智（ジュニャーナ、プラジュニャー）は主・客が未分化の真実の認識をいう、と定義されています。転識得智の識と智に当たります。また「智慧」という語もよく出てきますが、「物事の理を洞察する能力。真理をさとる心の働き」と解釈されており、梵語は「智」と同じプラジュニャーが当てられています。「四智」と「四大智慧」が同じ意味であるように本書ではあまり区別しないで使っています。

『成唯識論』はインド唯識学の大成者・世親（四〜五世紀）の『唯識三十頌』を釈したものです。インドには一〇人以上の著名な学僧が多年にわたって研究した教学の積み重ねがありますが、『成唯識論』はこれら教学の集積の中から、六世紀の護法（インド、ダルマパーラ）の学説を中心に、中国唐代の玄奘と慈恩が漢訳したものです。

この『成唯識論』によりますと、転依によって起こる状態を、さきの「能証因」（智の力）に対応して「所証果」と総称して四つに分けて説明します。

まず煩悩障（我空を悟ることへの障《さわ》り、涅槃の障害）と所知障（法空を悟ることへの障り、菩提の障害）の二障を捨てて涅槃と菩提の二果を得る力となる智を意味し、これを「能転道」といいます。

次は「所転依」、転依されるもののことで、一切の存在を生ずる可能力を保持する阿頼耶識と、涅槃の悟りの依り所となる真如もこれに含めます。

第三は捨てられていく二障の種子などで「所転捨」といいます。

最後の第四が転得されるもの、すなわち「所転得」で、このうち二障が除かれることによって真如が顕現する大涅槃のことを「所顕得」といい、所知障が断ぜられることによって八識を転じて生じる大円鏡智などの四智を大菩提といい「所生得」とされています（転識得智）（『唯識　仏教辞典』）。本人の気づかぬままにその身に具わっていたもの（本来自性清浄）が、ある契機に依って顕れてくるものが「所顕得」の大涅槃、識が転じて新たに生じたものが「所生得」の大菩提、というわけです。
以上は伝統的唯識学の定義、概念であって、弁栄聖者も術語として御遺稿に適宜用いておられますが、聖者の智慧論の根本はまた独得であります。しかしここでは論及は控えておきます。

## 五根五力

往生とは場所の移動ではなく状態の変化であると考える光明主義・円具教の立場では、往生の一歩一歩を歩む、その方法と転依の様子を解明する実践の手引きとして、以下に五根五力と七覚支について重要なポイントを紹介したいと思います。聖者のご指導を骨子とし、かつ知識先達のご指導の要点を記しますが、前掲の「起行の用心」のチャートは全体としての修行の体系を図示しており、概観把握に便利であります。

南無不断光仏
常恒《じょうごう》不断の光明に　我らが意志《こころ》は霊化せば
作仏度生《さぶつどしょう》の願《のぞ》みもて　聖意《みむね》現わす身とはなる

南無難思光仏
甚深《じんじん》難思の光明を　至心不断に念ずれば

信心喚起《かんぎ》の時いたり　心の曄瞳《あけ》とは成《なり》ぬべし

人は「不断光」のお慈悲に照らされて作仏度生の願いをおこし念仏の修行に入ります。常恒不断に光明を発せられる不断光仏のおはたらきを受けて私どもの意志は仏道を求めて変化（意志霊化）いたします。衆生は四弘誓願にある如く作仏度生の菩提心を発《おこ》し、修行の道に気づき勇往邁進の決意を新たにいたします。（ここで「意志」ということが重要です。意志は力の源泉、また行動への原動力であります。）すると難思光仏のお導きで信心喚起のときとなり、五根五力などの準備（心に弥陀の聖容《みかお》をほのかにでも念《おも》い上げられるような状態になること）を経て本格的に修行の決心を固めます（恩寵喚起、信心喚起）。そして無称光仏のお慈光をいただきながら、般舟三昧という大乗仏教の伝統に則って七覚支の階梯を一段一段前進して心の華が開いていきます（恩寵開展、信心開発）。

「如来光明の真理を聞きよく会得すれば、その如来を憧憬憶念してあくまでも光明に接せんとの熱望が発《おこ》る。」（『難思光・無称光・超日月光』〈以下『難無超』と略す〉、二六二頁）

「弥陀の本体は言葉ではとても言えませんが、衆生の信の芽を薫発させるためにその御名によって聖徳を表彰し、衆生は御名を通してその聖旨を自己の心裡に実現したいと祈ります。弥陀は実にその聖名によって衆生を利したまうお方です。もし御名を称しても弥陀の聖旨を自己の心裡に実現したいと心中に祈ることがなければ無意義の称名となります。……

大切なことは〈弥陀の種子《しゅうじ》を写象して印象し、これが元素と為り、これを意識的に実現しようとつとめて修養する〉ことであります。」（『難無超』、一〇七頁）この〈　〉内の意味は「弥陀の尊像を拝み、阿弥陀仏とはこういう端正無比のお方であると心に深く印象し、これを意識的に生きてましますお浄土のミオヤであると思い、感応道交を得てそれが現実となってくるようにつとめて修養する、ということであります。これは念仏の起行の用心であります。」（柴武三『名体不離について』、一二六頁）

以上を難思光に浴する喚起位の総論として次に各論に移りましょう。

なお、五根と五力は四科と五科と階梯が別れていますが、その関係はなかなか分かりづらいと思います。『難無超』では四科五根、五科五力との表題の下で次のような箇条書きが出ています（同、九四頁）。

一、信根、　如来に対する信楽欲をもって安心の根を生ぜしむ。
　信力、　正助二業をもってますます信力を発達す。
二、精進根、三心、精進の根、如来を信楽、精密に進趣せんとの安心。
　精進力、正助二業をもって勇猛に精進して信念発達せんとの力。
三、念根、　如来を愛慕恋念して捨てず。
　念力、　正助二業常に念じて捨てずますます発達。
四、定根、　如来を念じて三昧的に如来と合一せんとの安心。

定力、正助二業念仏三昧をもって。

五、慧根、如来を信楽してほのかに曙光をみとむ。

慧力、（記載なし）

正助二業とは正業助業すなわち五種正行の実修を通じて、の意でしょう。

また同書、一〇八頁には五根の解説文の中で信根《しんこん》と念根《ねんこん》についての文章の後、信力と念力が「信根すでに成じなば信力を発達して信力を成ず。」「念根すでに成りこれを発達する時は念力という。」とそれぞれの文末におかれています。精進根《しょうじんこん》、定根《じょうこん》、慧根《えこん》の文章の後には力についての言及はありません。科という竪《たて》の違いよりも内容的な横の説明の便宜さが表に出ているのかもしれません。もっとも、『光明主義玄義』には「根と力とは内の安心を根とし、その働きに依って発達するを力とす。例せば植物の地中の根と地面に現れたる茎枝等と相関連する如し。慧によって信心喚起の覚醒とす」の説明があります（同書、二二一～二二三頁）。このようなことも踏まえて、根と力との関係については今のところ次のように考えてはどうかと思っています。すなわち根《こん》は外から養分を摂り入れて、それを外からの刺戟として努力を重ね一歩一歩前進せんとするイメージが強く、力《りき》はその努力が次第に実って内在的な力に成長していく過程です。根と力は、「信」で云えば信根からすぐ信力になるという横隣りの関係ではなく、四科の最終の慧根まで行ってから五科の初めの信力が揺るぎないものになる、というのが真相だろうということです。

五根五力のそれぞれの説明は、佐々木為興上人のご説法（『佐々木為興上人遺文集』、一八一～一八四頁）からごく簡潔に骨子を述べ、その後、「　」内に聖者の文章（『人生の帰趨』、四八九〜四九〇頁）を引用します。加えて、各根や力に関連の深い心所についても『成唯識論』（竹村牧男『『成唯識論』を読む』）を参考に略述し、笹本戒浄上人の所説（「成唯識論の心理説」）も拝読します。

## （注）心所《しんじょ》とは——五位百法について

仏教の唯心論を支える重要な思想が唯識説ですが、一切の存在（法―ダルマ）はこころ（識、心王《しんのう》と心所）の表われであるとみます。心所は心王に属するものという意味で詳しくは心所有法《しんじょうほう》といいます。唯識では実在するものは心王とよぶ識《こころ》であるとみるのですが、この識に共同してはたらく具体的な細かい心作用も心所《しんじょ》とよんで実在性を認めています。

現象が様々に変化してもその中で自らの特質を失わずに維持し続けるものを法―ダルマといい（任持自性《にんじじしょう》軌生物解《きしょうもつげ》と定義されます）、この万有の諸法を数えて百とし、それを五類にまとめるのが唯識説の五位百法という考え方です。

「その五位とは、心王、心所、色、不相応、無為がそれで、心王に八、心所に五十一、色に十一、不相応に二十四、無為に六の法を数え、総じて百となる。五位の中、心王と心所とはともに精神であって、前者はその主体、後者はその所属である。色はこれらに対して物質であり、不相応は、物質でもなく精神でもなく、両者の関係の上に仮立せるものである（言葉や時、方角、また寿命や無常、流転などが含まれる）。最後の無為は、（常住で変化しないもので）以上の現象諸法の所依（よりどころ）となる真如のことである。これらの五類を以て、現象と実性すなわち宇宙万有の一切を摂め尽くすというのであるが、その中、精神たる心法——特にその主体たる心王を以て現象の悉皆を変出する根本として、いわゆる万有唯識の所以を語るのである。その心王の八種とは、すなわち、眼識、耳識、鼻識、舌識、身識、意識、末那識、阿頼耶識というのがそれである。……これらの八識が交錯して一切万有が観念的に展開されると説くのがこの教義である。」（高田好胤述・藤井覚田著『唯識講聞き書き』、九三〜九四頁）

さて心所でありますが、これは六グループで五一あると分析されます。竹村牧男『知の大系』のすぐれた一覧表から摘記しますと、

遍行（どんな識とも必ずともにはたらく作用）に五、

別境（特定の対象に対してはたらく作用）に五、

善（楽を招く心作用）に一一、

煩悩（苦を招く根本的な心作用）に六、

随煩悩（苦を招く派生的な心作用）に二〇、

不定《ふじょう》（はたらくときなどが定まっていない心作用）に四、の合計五一です。

以上の心所のうち、「善」のグループの「信」の心所と、「別境」のグループの五つの心所が五根五力の修行において関わりが深いのです。信についてはこのあと信根、信力の箇所で要点を紹介しますが、別境も重要です。別境の、欲（欲求・希望）、勝解《しょうげ》（確実な了解）、念（記憶）、定《じょう》

（精神統一）、慧（分析的知性）の五つの心所は五根五力のどれかの心境形成、ないしその理解に深くかかわっているように思われます。笹本戒浄上人が三十代前半に大学で心理学を専攻され、併せて唯識学の研究も深められて、卒業論文としての「成唯識論の心理説」が『同上人全集』下巻に収録されているのはまことに意義深いことであります。五根五力の学習に際して、それに関係の深い心所の一般的な定義のほか、戒浄上人のご解釈も拝読しながら修行の指針としたいものです。

**（注）二空の構造　唯識の「百法」の基礎**

唯識で百法は阿頼耶識の表われとみる仕組みの骨子をみておきます。

①すべては「識」（心王と心所）のみである

識（広義のこころ）は八つに分かれる。大別すれば四つ。

前五識《ぜんごしき》（五感）…眼識《げんしき》、耳識《にしき》、鼻識《びしき》、舌識《ぜっしき》、身識《しんしき》

意識…一切法に関わる

末那識《まなしき》…自我への執着の根本

阿頼耶識《あらやしき》…前七識の対象（有根身《うこんしん》、器世間《きせけん》、種子《しゅうじ》）をつくり出す

末那識と阿頼耶識は意識下の世界である。

②種子《しゅうじ》生現行《しょうげんぎょう》、現行熏《くん》種子、種子生種子、刹那《せつな》生滅

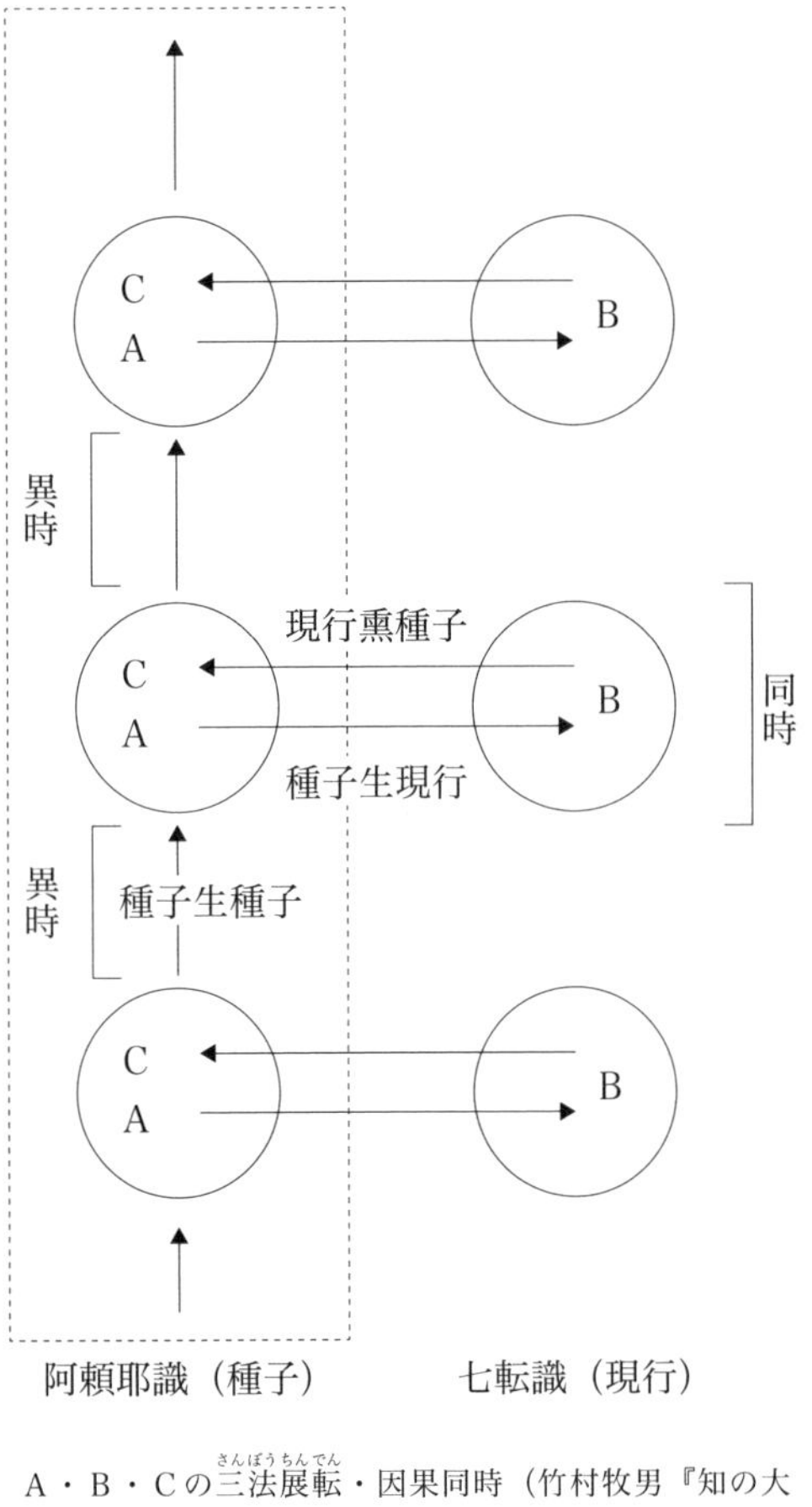


A・B・Cの三法展転《さんぼうちんでん》・因果同時（竹村牧男『知の大系』）

③輪廻の本体は阿頼耶識である。

④唯識は自己が縁起の世界に生きていることを究明するが、自と他の関係への論及は少ない。
自他の関係性を徹底して解明するのは華厳思想。

### （1）信根、信力

念仏の教えを信じ如来の実在を信じて疑わない。「実在不疑」

「信根とは如来の真理を聞いて如来の恩寵を被るときは、必ず自己は解脱救霊せられることを信じて疑わず。如来はわが親にて我はその子たりと信じて、この信が基礎となり信の根底が確乎として、またこの信を発達せんがために次の精進根となる。」

五根の最初は信根であり、五力の最初は信力とされ、その他通仏教的にも「信」はきわめて重要な位置づけがなされています。たとえば、

「信をもって道の元、功徳の母と為す。」（『華厳経』賢首菩薩品第八）

信は仏道の出発点、すなわち菩薩道の初歩として強調され、信はさらに十心に分かれると分析されます。①信心（道理を知る）、②念心（菩提心を忘れない）、③精進心（勇猛果敢）、④慧心（簡《けん》択《ちゃく》、善とは何か）、⑤定心（心が静かで穏やか）、⑥不退心（信仰を止めない）、⑦回向心（仏への供養）、⑧護心（仏法を護る）、⑨戒心（戒を守る）、⑩願心（四弘誓願等）の一〇であります（法蔵『探玄記』）。信満となれば初発心住に住すとみられて「信満成仏」、「初発心時便成正覚」という『華厳経』の有名な成仏観を想起することになります。

「仏法の大海は信をもって能入となし、智をもって能度となす。」（龍樹『大智度論』巻一）

仏道を歩むについて、これも同じく信が入口、出発となることを示します。何によって信を立てるかについて善導大師は「人に就く」と「行に就く」の二種あるといいます（就人立信と就行

立信、善導『観経疏』散善義）。原意の人とは釈尊のことで、一般的には教法といえるでしょう。行は極楽往生のための修行、すなわち五種正行、なかんずく正定之業たる称名正行を修することです。教えを説く人格と行業との両方によって信を立て磨いていくことになります。この二種立信の文につづいて法然上人の有名な立教開宗の文、すなわち「一心専念弥陀名号　行住坐臥不問時節久近　念々不捨者　是名正定之業　順彼仏願故」の文がおかれていることは興味深いことであります。

ところで仏教で信と漢訳される原語として少なくとも次の三つが重要です。

○シュラッダー

「対象に向かって信をおく」が原意で、信の代表的な言葉とされ、五根（信、精進、念、定、慧）、五力（信、精進、念、定、慧）、五財（信、戒、聞、施、慧）、七力（信、精進、慚〈自らに恥じる〉、愧〈他に恥じる〉、念、定、慧）などの行道の最初に置かれています。教義、理論についての客観的、知解的な信を意味するとされ、『華厳経』の「信をもって道の元……」の信もこのシュラッダーです。

○アディムクティ

「その上に心を傾ける」の意で、対象について明確にとらえて納得し決定《けつじょう》するという知性的な作用を表し、信のほか信心、深信、信解《しんげ》、解、勝解などと漢訳されます。

○プラサーダ

「鎮める、浄化する、喜悦する」などが原意。信仰の結果、心が澄んで清らかとなり深く喜びが感じられるような心の状態で、信心、清浄、澄浄、浄信、信楽《しんぎょう》などと漢訳されています。信心の境地は原始経典においては出世間的な三昧（サマーディ、見仏の境地）にも共通し重層するものとして用いられたといわれます。

以上を要するに仏教における信とは知的な性格が強いものといえそうです。『倶舎論』では信とは「忍許《にんこ》澄浄の義なり」といいますし（忍許とはなるほどと認許《にんきょ》すること）、心所の勝解として も用いられています。善の心所としての信は「実と徳と能とにおいて深く忍し楽《ぎょう》し欲《よく》して心をして浄ならしむる」といい、その意味は四諦などの真理（実）や仏法僧の三宝（徳）への信認、また行とその果（能）への確信（忍と楽と欲）である、そしてその結果心が浄らかになるのである、ということなのです。

龍樹の「信をもって能入となし、智をもって能度となす」というのも智慧を獲得するための前提としての信の位置づけが読みとれます。

信はひっきょう仏道精進への入口でありますが、ひとたび仏道に入ればもはや不要になるというものではなく、さまざまな行業の実践を進めながら仏道の全体を支えつづけ、慧に向かって昇華し究竟していくものであります。信に込められた心の内容が仏道修行の通奏低音として響き続けているともいえるのです。

「信」に関するシュラッダー以下の論評は多く信楽峻麿『教行証文類講義』第四巻によっていま

す。

## (2) 精進根、精進力

どんどんお念仏に精進します。「切磋琢磨」

「精進根。精進は信仰を増進せんがための勤勉である。たとえば米に糠あれば力めて搗くときは精白となる如く、一心専精に不断に大光明者を念じて勇猛精進して時々心々《じじしんしん》連絡し(いつもいつも如来とわが心とをつないで)専注して進むときは霊性ますます発達す。」

ここで**心所との関わり**について触れておきます。信根信力、精進根精進力に関連する心所としては「欲」と「勝解《しょうげ》」が考えられます。欲とは願われるべき対象、見たい、聞きたい、と願う対象に対して「希望」すること。とくに良いものを欲求する場合は努力精進の依り所となるはたらきをします。勝解とは「決定《けつじょう》(思い定めた)の境のうえに印持する」のがキーワードで、戒浄上人もこの点を強調されます(『全集』下巻、三五二頁)。決定《けつじょう》せる、間違いのない対象(定論、定説など)に対して印持する(印を刻み付ける、確定して了解する)心のはたらきです。このはたらきがあると、確信して思い込むわけで、人が何を云っても意見を変えないことになります。勝解の対象は正も邪もありえますが、正しい教えに出会うことが死活的に重要です。

## (3) 念根、念力

次第に、いつも如来様が念頭にかかっていて、「憶念不忘」となる。

「念根。いよいよ信念を専らにするときは薫染、身に功成じて常に如来を恋念葵慕して忘れることとあたわざるに至るを念根という。」

大切なことは如来様を覚えていることではなく、お慕いすることである（戒浄上人）、慕うとは惹かれて離れずひっついていること、これが憶念ということだ（杉田上人）、とのご指導です。

「念仏の念という字は、人、二、心、即ち二人相共《あいとも》したる心なり。念は念頭にかゝる。何か自分の外に或物が常に心にかゝること。例えば金に執心する人には常に念頭に金と云うものが執して離れぬ。また一人の子に愛執する人の念頭には常に子を念うておる。しかる時は自分の心の中に子と二人を為しておる。人物もしくは財物とか何物か心に懸る物無き時は念頭に無きなり。念頭に阿弥陀仏が在まして離れぬ様に為りしは即ち念仏、仏おもいの心である。従来の、明記して忘れざるを念と為す、というは唯記憶の心理状態の如くにして、感情的執意的になって居らぬ故に、仏を念うの心理としては未だ完《まった》からず。宗教心は只仏を記憶に存するのみならば未だ活きた信仰というに足らず。弥陀の絶対的人格に対して愛慕恋念して、感情的に内心に活躍して、暖温なる活気に血湧き、有難さに涙こぼれ、すべてに超えて弥陀を愛楽して止まず。悲嘆に沈む折柄も、弥陀を念ずる時は心の奥底より衝動する有難さに心機一転、憤怒に耐えざる場合にも、称名によりて思い出ずる慈悲の面影に接する時は、かえって己が到らざるを謝するに至る。念仏とは常に如来を憶念して離れざるの謂、一度絶対の人格者に結びて念う心に離たず憶念し愛慕して捨てること能わざるは念仏なり。二人の結びたる心が即ち念である。能念の心に所念の弥陀と一体心に結合したるの心が念なり。」(『無礙光』、七五〜七六頁)

さて、心所としての念について、念とは以前に経験した対象に対して心にはっきりと記憶して忘れさせないようにする心で、記憶の心です。この念の心があると定《じょう》の依り所となります。記憶できている、とは集中している状況であり禅定に直結していくということです。

戒浄上人はこの念について把住性が特色であるとされます。把住とはつかむ、その状態がつづく、ということでしょう。把住するものは念、把住せられるものは記憶心象であり、いま現に浮かび出つつある記憶表象を憶念と名づく、とされます。さらに詳しく一五六頁の、その憶念はかつて現行《げんぎょう》していた相分B(阿頼耶識〈種子のA〉が現し出していた対象B)が、潜在して阿頼耶識の種子《しゅうじ》となっており、その種子(C)が今、独頭《どくず》意識(感覚の前五識を伴わない、つまり目で見たり耳で聞いたりしているのではなく、定中や夢中に単独ではたらく意識)に伴う念の心所を生起せしめて、その心所が独頭意識の相分B(厳密にはB′)を生起限定させている、という仕組みになるわけです。そして記憶表象が把住性に支持せられて明らかに再現しつつあるということは、すなわち把住性が心をして散乱せしめない理由、原因であるということにもなり、定の心所の基盤ともなる、とも云えるのです（前掲『笹本戒浄上人全集』下巻、三五三頁）。

（4）定根、定力

次いである程度まで三昧に入ったところです。しかしまだまだ浅く、三昧に逍遥する程度と云われます。「三昧逍遥」

「定根。一心に如来を念じて慈悲がその心念に薫染して久しければついに自己の心が如来心と成り、如来の心、自己の心となるごとくに感じられる、これを定根という。」

如来と我が一つ、二人連れとの感覚が生まれますが、まだ如来さまは拝めないそうです。

心所としての定とは観察の対象に対してもっぱら心を注ぐことです。そしてその集中した心があればこそ「決択《けっちゃく》の智」すなわち智慧というものが生まれます。決は決断、択はえらぶ（簡択《けんちゃく》）の意とされ、広く疑いを決し理を明らかにする意に用いられるほか、加行位（四善根）によって得られる智慧（順決択分）を表すこともあります。仏教では禅定なき智慧は考えられておらず車の両輪の如く考えられています。智慧なき禅定は愚と名づけ、禅定なき智慧は狂と名づくとさえいわれます（『天台小止観』）。

戒浄上人は定とは対象に心を住《とど》め（熟視、傾聴など）つつあることを得させる精神作用であり、この定の精神作用が活動すれば対象の真相を実の如くに知りて架空の想像妄想が立つ余地なからしむる、と述べられます（前掲書、三五四頁）。

## （5）慧根、慧力

慧とは「覚の自認」といわれ、ここに到れば信の満位といわれます。定根定力までは親鶏が卵を暖めている段階で、いわば唯識説でいうところの資糧位の頑張り、至心不断の念仏が続くところですが、その最後の瞬間に卵の殻が破れてヒヨコが現れたところ、すなわち加行位で僅かながらも光明を頂き、心の曄瞳《あけ》となり恩寵の喚起位に立ちいたります。「啐啄同時卵皮開裂《そったくどうじらんぴかいれつ》、覚の自認」

「慧根。これ信念の根がますます発達して信心の喚起の明かり至りて、わが如来の霊光に触れたることを自覚して、その真理を身に実験しえて初めて霊の覚醒となり、朝夕の讃美礼拝また知識（指導者）の指導が心霊を養い、至心不断に念じて信念内《うち》に増長して如来の恩寵の和気に催され、信仰の曙光を見、心霊の曄瞳となる。これ喚起の満位とす。」

ここではまだ如来は拝めないとされます。しかし真正面に在ますことは心に触れてわかる、ともされています。真応身としての如来を感じているのでしょう。

これがさらに熟して慧力となれば択法覚支への前準備ができたところです。

通仏教的には加行位の最上、「世第一法」という、まだ有漏の善根の段階とされています。しかし光明主義では如来の光明に触れて慧根慧力をいただいたところですから「有漏と無漏の混交」であり、故にこそ「心の曄瞳とは成りぬべし」とされるのです（『杉田善孝上人　唐沢山別時御法話　第三編』、五九頁）。

心所の慧とはインド古来の仏教学（アビダルマ）の定義としては「簡択《けんちゃく》」という分析的な智が基本になっています。観察の対象に対して判断するのが慧の心所で、慧のはたらきによって良い悪いの判断ができるわけです。簡択は択び分けて疑いを断ずるはたらきで、知的な、分析的な、というのが特徴です。その点、見道で得る無分別智のごときはかならずしも簡択に限定される智ではないでしょう。

慧のキーワードとしての簡択は七覚支の第一たる択法覚支のキーワードでもあり重要な術語です。その故か戒浄上人はこの慧の解釈、すなわち簡択とは何かについてかなりの言及をしておられます。まず「簡択とは相い互いに類せるものを択び出して（簡択して）概括する、この如き精神作用を慧の心所とす」と定義され、また「慧は観察せられる対境において相い互いに類せるものを択び出す（簡択する）をその本質とし、疑いの絶たれることをその影響とす」と言い換えておられます。（前掲書、三五五頁）

さらに同書の本文欄外に「簡択とは何ぞ」という小題のもと、次のような所感を述べられるのです。

「記憶がそれからそれへと浮かび出るのはむやみやたらのものではない。そもそも吾人は各自いくたの記憶を蔵す。そのいくたの記憶中より目下の懸題を解くに有用なるもろもろの記憶のみが簡択せられて続々念頭に上り来る。例せば数学上のある問題を考えているとき、また歴史上のある問題を考えているときは、その問題を解くに有用な数学上の記憶、また歴史上の記憶のみが種々雑多の記憶中より簡択せられて続々念頭に上り来るのである。諸行の苦なるものは何かを考えるときは千差万別の事実の記憶の中から苦なるもののみが皆簡択せられて総括して苦とせられる。かくの如き簡択作用を慧と名付けるのである。この簡択作用もまた常住のものではない。一般の人が、心なるものは身中に住して用件あるとき活動する、と思いがちなのとは全く異なる。縁に応じて起こるところの作用である。（後略）」

## 五　慧眼・法眼・仏眼

次に七覚支の解説に入りますが、ここでは心境が進んで心眼が開け、また仏眼が開けると啓示が感得されるようになります。そこでまず成所作智のはたらきである慧眼、法眼、仏眼の心眼について、予め要点を学んでおくのが便利であります。詳しくは如来の四大智慧の内容として学ぶところです。

### 五官と成所作智

成所作智とは要するところ「一切感覚の本源」としての如来四大智慧の一つであります。

「感覚とは人の五官、いわゆる五根五識、眼耳鼻舌身が外界の色声香味触の刺戟によりて起こす処の心理作用なり。
天然の人の感覚は外界の五境の誘惑によりて五欲に溺れその精神を染汚す。故に名づけて五塵と云う。……
感覚に仏教には五眼等の五種の感覚を明せり。」（『清浄光・歓喜光・智慧光・不断光』、一二〇頁）
笹本戒浄上人は「境」は刺戟、「根」は神経系統、「識」は注意活動、と簡潔に指摘されます。

## 二十五官

「五官とは五種の感官の称で仏教の五根から出て一般語になったものである。身根は皮膚感覚で温、冷、痛、圧などの感覚に区別すべきであるが仏教では五官の一つであるという見解が通用する。」（中村元『仏教語大辞典』）
「凡夫の感覚は、肉の五官なれど、実は二十五官を具えて居るのである。けれども肉の五官以外の感覚は皆眠って居る。これを開発し、五眼円かに開くに至らば、初めて仏教の真髄を解し得ると云うことである。その二十五官とは、

肉眼　肉耳　肉鼻　肉舌　肉身
天眼　天耳　天鼻　天舌　天身
慧眼　慧耳　慧鼻　慧舌　慧身
法眼　法耳　法鼻　法舌　法身

仏眼　仏耳　仏鼻　仏舌　仏身。

肉眼乃至肉身は、天則に規定されて、機械的に出来た不完全なものであって、人はこの最も幼稚なる感能を、唯一の武器として、自然界を認識するのである。しこうして、この感覚に依る経験界を、宇宙の真相だと、思って居る。肉の五官は、肉体生活に必要の具にして、肉体が生まれると、間も無く、自らその能力を発揮する様に出来て居る。しかるに天眼乃至仏眼は、修養に依て、開発されるのである。……高等なる霊能は、自然には発揮されない。理性開発においてさえ、今日は、義務教育を授けたる上、更に、幾年かの高等教育を授け、又は専門の学問をもさせるのである。まして、最も高尚なる、霊育を怠り、霊界の現象を否定する如きは、笑止の至りと云わねばならぬ。」（中井常次郎『恋愛と宗教』上編、八五〜八六頁）

「人は、五官によりて、自然界を認識し、如来は、成所作智によりて、仏界を現じて、自ら観じ、法眼開けたる衆生に対しては、仏身、仏土を感見せしめ、妙楽を与えて下さるのである。吾人の五官の作用も如来成所作智の部分現である。吾人は、識中（自分のこころの中）に立て籠り、戸を小さく開く故に、宇宙大智慧の光明中に在りながら、心、暗くして実相を見ることが出来ないのである。

凡夫は色声香味触の五塵を客観して、身の外に認め、内に五識を感じて主観と思うのである。けれども実は主客一体の絶対観念の所現である。吾等は肉眼を以て、自然界を見る如く、法眼開くれば、仏身、仏土を客観的に感見するのであるが、肉眼を以て、物体を見る有様と異り、各自の信仰に報い、その感ずる荘厳が違うのである。誰にも同様に見えるのではなくて、信仰の程度により、大差を生じ得るのである。それ故に、法眼の対象は、主観的客体である。美術品を見、音楽を聴く事において、眼を刺戟し、耳を打つ働きにおいては、万人同様であっても、素養の有無により、感ずる味わいに、大変な差あるが如きであろう。……肉眼と法眼との何れが、吾人の精霊に満足を与うるかを、徒らに論ずる事なく、三昧に入りて実観し、然る後、評価するを穏当だと思う。迷覚二界の印象が、如何に甚だしき差あるか、又人を善導、霊化する働きの優劣を比ぶるもよかろう。

更に、進んで、仏眼は、自ら現じて、自ら感ずる。即ち能感と所感とが自己に在る。主観と客観と不二である。されば宇宙万象は、仏智の現れ、即ち成所作智の顕現なれば仏眼を開いて観る時は、何処も、皆、浄土である。菩薩は法眼を以て報身、報土を観じ、凡夫は肉眼を以て自然界を見て居るのである。」（同、六八〜七〇頁）

## 成所作智

「頌に曰く、

五塵五識はことごとく　　成所作智の作用にて、

自然と心霊の両界に　　浄妙麁穢《そえ》と現わるれ。」（『無辺光』、三七四頁）

「成所作智とは主観と客観との感覚作用なり。主観としては生物の五識の感覚作用にて、客観としては色声等の五塵の現象なり。能感の心と所感の境とはもと同じく作智にして両面現なり。一法界中の一方面を自然界と名づけ、他の方面を心霊界と名づく。自然界は凡夫の所感にして、心霊界は聖者の所照なり。凡夫の所感は麁穢《そえ》（粗雑でけがれた）なる五塵にして、聖者の所照は勝妙（浄妙）なる五塵なり。

鏡智は一大観念態の総相にして、作智は色声等の別相なり。また主観の方は、観念は総にて、感覚は唯外界との関係によりてその作用を起こす。

「如来作智とは絶対写象（大円鏡智）に属せる智態にして、一切の主観の感官作用となり、また一面には客観界の色声香味触等となりて、感覚せらるゝ物象との両面となるべき一大写象態なり。これを成所作智と名づく。」（同、三七四頁～）

吾人に視聴等の官能ありて、能く対象となるべき日月の光りや山河大地を視、また音楽及び人の言語等を聴く等、感能と共に感覚せらるゝ客観の物象等は、宇宙造化に如何なる性能よりこの作用を賦せらるゝと言うに、如来蔵性に成所作智の性ありて、天則理性により、すべての自然界と生物の生理機能との相対的関係作用にこの作用を起こさしむものとす。

宇宙にかゝる物心二象の感覚作用をなさしむるものは如来蔵性に属す。作智の作用とするもこれにまた二面あり。

甲は天則理性の自然律に制せらるゝ生理機能による感覚作用なり。

乙は帰趣の理性。心霊が開発して心霊界に対する霊的感覚と心象の感覚作用なり。

甲は吾人の生得の五官の作用によりて、見聞する経験世界の感覚なり。

乙は宗教規定により（宗教的な修行により）心霊開発し、心眼心耳等によりて見聞すべき霊界の顕現なり。

天則の理性による感官機能と、帰趣の理性によっての霊的感覚作用とは、その作用においては凡聖相い同じからず雲泥の差ありといえども、その差は衆生精神の成不成（宗教的な成長度合い）によるのみにして、両方とも如来蔵性の一切作智が精麁の両機能に顕現するは相い同じ。」（同、三九七〜三九八頁）

肉眼、心眼等の五眼が存在する所以が説明され、その作智の全分が現われ完全に致一したものが仏眼であります。

## 法眼

「聖者の得べき法眼法耳は自然規定の感覚を超えて、宇宙心霊界の如来蔵性に包含せる事々物々を照見する心霊感覚なり。

たとえば心眼にて十方界十如等の三千の事法界を、炳然（明るくはっきり）として現前するが如き、また自然現象界の色声味触の事法界を、観念的心眼にて観照するが如き、人の心霊は宇宙万象の物象心象に種々無量の性相差別のあることを観じて明了となす。

また観経に、七宝荘厳浄土の依報の宝地宝樹宝楼閣等、また如来の真金色相好光明等の正報

と、一々に観見するはこれ法眼法耳等と名づく。」(同、四一一頁)

「事法界」とは弁栄聖者によれば「宇宙に遍在する森羅万象、無量無辺の依正色心すべて法界一切の万差の法界」を意味します。自然界の森羅万象といっても肉眼では見えないものがきっといろいろあるわけでしょう。それが天眼では見えますし、いわゆる見仏など心霊界のことは法眼がなくては見えません。

「法眼等　心霊界の勝妙の五塵を感覚す。」(同、四五四頁)

## 慧眼

「次に慧眼とは理法界を照観する心作用にして、宇宙理法界の方面を観ず。吾人が瞑目冥想して一切の感覚的と抽象的との概念を泯じて(なくして)、尽十方一大観念態のみなるを観ず。自然界も心霊界も実は無二無別、絶対観念体なり、これを慧眼という。」(同、四一二頁)

理法界とは「宇宙の本体は本来真如の体性なのでこれを理法界という」(同、一六頁)のであります。

「慧眼等　宇宙本体を直観し。彼此一体観。」(同、四五四頁)

光明主義では法眼先行の人が多いといわれますが、慧眼円満でなくては法眼も円満にはなりません。ここで円満とは各段階の卒業の意で、慧眼→法眼→仏眼と進むわけです(『杉田善孝上人唐沢山別時御法話　第一編』、八七〜八八頁)。

## 仏眼

「仏眼とは如来蔵性自性と無二無別（如来蔵性そのものと同体）にして、本覚如来が個人心霊に如実に円満に顕示したるものなり。全法界を尽して即ち自性、遍時間遍空間を尽して即ち一微塵中に顕現す。事々物々の歴然たるを、一真法界の理性体と、双観双照して無碍なり。これを仏眼という。」（『無辺光』、四一二頁）

いわゆる事法界と理法界を通して理事無礙、事事無礙の世界現前です。

「仏眼等　慧眼と法眼を統一して五根互用。円融無礙。」（同、四五四頁）

総括として次の二文が適当でしょう。

「かくの如く法眼ないし仏眼等の感覚的霊象は心象にして、物象にあらず。故に自然界に発見すべきものに非ず。しかるに人、自然規定を超越して心霊開発する時は、これを自ら証することを得。

かゝる理性《りしょう》は人が修行によりて顕示するものである。もと本来宇宙天則理性の中にかゝる理性は具備せるものであるけれども、自然的生得の心機のままで自らこれを識ること能わざるのみ。

宇宙全体如来身なり、法身智身、霊体本然十方処《ところ》として如来の霊的感覚態ならざる所なし。心霊に顕現する能感の心も所感の霊象も、もと如来蔵妙真如性が霊界に顕現したるに外ならず。

如来の作智は、法界に周遍し、自然界と霊界と別あることなし。その差別（両界の違い）を見るは衆生自らこれを見るのみ。」（同、四一二〜四一三頁）

「宇宙全体如来の法身智相にして、成所作智の周遍せざるはなし。衆生が自然界を感覚す。自然界と観念界は超然として別なるに非ず。しかれども凡夫は自然界に現ずる色相は感覚する事を得れども、霊界に常住の妙色荘厳の相を観ずること能わず。……

宇宙を尽くして如来作智態なり。一切処として七宝荘厳ならざるなし。霊眼開くる時清浄国土たちまち現前すべし。法身智相は鏡の如く、報応化仏は影の如く、その対する人の為に現ず。」（同、四一五頁）

## 見仏の心状

前出、「第三章　般舟三昧の実践」において弁栄聖者の「見仏の心的状態」と題する文章を紹介しました。要点は以下の通りでした。

「……世界の相対的なると霊界の絶対的なるとの区別を知らざるべからず。肉眼の感覚は相対的にして自己の肉眼と所対の物色（視界の範囲にある物）との関係によりて視ることを得。例えば人の眼あり、太陽ありて視ゆ。（しかし）如来は自然界の太陽の如くに相対的関係にあるものではない。絶対の心霊界に対すれば、吾人の心霊は全体の分現なる自己の心霊であるから、如来大心海中の自己の霊波なりということができ、自己の根底なる大心海より自己の心霊に現ずるなり。

故に自己の絶対根底より自己に現じ、それが反映して相対界の肉眼に対する太陽の如くに目前に現ずるを見る。絶対には実には彼此の別なく、大小の分なし。その絶対大心霊界の方面なる如来心海より現じたる霊象は、現じたるが反映して彼《かしこ》に見ゆ。自己の心霊界より起って、全く遥かに旭陽赫々《かくかく》として光を放つ如くに、彼しこに現ず。相好円満にして、光明徹照す。彼此の相なき絶対の大霊よりまた彼此の相に現ず。

相対の日光と自己の眼との因縁関係によって現ずるとは反対なり。日光は彼より自己の眼《まなこ》に反映して視る。仏の相好荘厳は絶対より自己の内的霊性に発現せるを彼の空界に投映し、之を観ず。……」（『光明の生活』、一九七〜一九八頁）

## 仏眼の特徴

### 無尽の妙用

「仏眼は法慧二眼を統一し双照するが故に一塵の中に十方無量の世界を現じ、而してこれを見る。一塵爾るが如く一切塵にまた一切仏土を見る。経（華厳経）に、於一微塵中、各示那由陀無数諸仏。於中説法、等。又云く如一微塵所示現、一切微塵亦如是、等。」（『無辺光』、三九二頁）

重重無尽の蓮華蔵世界が現じています。引用された経文は『華厳経』の多くの箇所で幾通りにも表現される法界縁起の、偶々選ばれた二句であります。前者は「一微塵中に於いて、各那由陀の無数の諸仏、中に於いて法を説きたまうことを示す」の頌の一部（十地品第二二、第八地不動地の段）、後者は「一微塵の示現する所の如く、一切の微塵も亦かくの如し。これを三昧の自在力、亦無量称の解脱力と名づく」の頌の前半です（賢首菩薩品第八の三昧門の段）。

**五根互用。円融無碍**

「五根互用とは、華厳に如来の五根は大小無碍、一々の根が皆法界に遍して、また見聞の性を壊せずして、而も相混雑せずして諸根の用をなす。

互用無碍

六根互に相用いて礙《さまた》げず、即ち眼根を以て見聞嗅味等の識を起こし、身を使用して無碍なり。また自在の身、十方一切衆生の為に斉《ひと》しく応じ、多くの機類（人々）が一時一念に感ずるも、身また分たずして普く現ず。此《ここ》に在って彼《かしこ》に現ずることを碍《さま》たげず。これを応機無碍という。十方法界一々塵に十方依正を現ずると共に、これを感じ、一切万物の中に五塵を現ず、悉く作智の妙用なり。

依正互融

密教に曰く、仏身不思議にして国土悉くその中に在り。（中略）今これらの文によりて明らかに知んぬ、仏身及び衆生身、大小重々、あるいは虚空法界を以て身量と為し、乃至一切大小の身土、互いに内外となり、互いに依正と為る故に依正互具とす。（からだと環境が、お互いに他をその中に具えているというわけです。）

如来の五根と及び所感の五塵とは如来作智の作用にして、能感の五識と所感の五塵と一体の両面なれば、能所の異あることなし。如来は依報の万物の中に如来眼ありて正報を見る、すなわち色心不二なり。

華厳に曰く、法界一切万物の中に、自然《じねん》に仏、中に在《まし》まして、常恒に説法し、等々があって、不思議を示現す。かくの如き説法と不思議の業用とは、如来唯自らこれを見聞し給うのみ。甚深微妙の五塵は如来自らこれを発して自らこれを受用し給うのみ。これを自受用の法楽と云う。三世常恒自然法爾《じねんほうに》の作用は唯仏与仏《ゆいぶつよぶつ》（ただ仏と仏と）の境界、如来成所作智の作用なり。これを仏の五根に対する五塵の境とし、作智の全部とす。」（同、三九二〜三九四頁）

作智の全部が顕現するところという世界になるのです。

仏眼、すなわち仏とはこのようでありますから仏は本来妙色相好身に在します、というのが事実なのです。人格的姿をもつ神や仏という考え方は人間の宗教思想の創作なのだ、ということではなく、衆生の有無や念不念に関せざる仏の自受用の法楽であるということです（笹本上人『注解』、三六二頁ほか）。

## 聖者の偈に読む仏眼体験

聖者は明治一五年、二四歳の時、筑波山に籠って三昧発得され、その境界を次の偈に明かされました。

弥陀身心遍法界　弥陀の身心は宇宙のどこにも在《いま》さざるところなく
衆生念仏仏還念　我が弥陀を念ずると弥陀もまた我を念じ還してくださる
一心専念能所亡　念じ続けて一心不乱、弥陀も我も彼此の別なく真実の自己と自他不二である
果満覚王独了々　しかも不思議や、果満覚王たる阿弥陀仏ご自身が宇宙の中心に独り厳然と露わにはっきり鎮座在《まし》ます

一心専念能所亡とは慧眼満位の世界、果満覚王独了々は法眼満位の世界、と一応考えられます。しかし慧眼と法眼とが別々にはたらいているのではなく両者が同時に開眼している仏眼としては「自ら境界を示して自ら感覚す」るのです。笹本戒浄上人の語録に「差別と平等が調和した処はまだ菩薩で能所亡すとは申されません。仏眼は自ら現じ自ら感じ能感と所感が同一の自己でござんす。」(『全集』下巻、一九八頁)とあり、如来の真実義とはまさにそのように解《げ》し奉らんということになるのでしょう。聖者はその後も精進を続けられ仏眼の世界を豊かに、かつ高く深く進ま

れたことと拝せられます。

大正五年、知恩院にて「宗祖の皮髄」を講ぜられた時も仏眼について次のように述べられました。詳しくは後述しますが、

「自性は十方法界を包めども（慧眼）中心に厳臨し玉う霊的人格の威神と慈愛とを仰ぐもあり（法眼）。真空に偏せず妙有に執せず、中道に在りて……」

と仏眼の世界をお示しです（『宗祖の皮髄』、一〇一頁、後述「七覚支」の（8）参照）。

## 六　七覚支

### 念仏七覚支

いよいよ心霊開発の本番、七覚支の説明を拝読します。七覚支は通仏教的には見道から修道へ、また通達位から修習位へともいわれる段階に当たるかと思われます。

南無無称光仏

如来の慈光被れば　七覚心《しちかくこころ》の華開き

## 神秘の霊感妙《たえ》にして　聖《きよ》き心によみがえる

「念仏三昧の思惟を階級として正受に入る。その心行の順序を説明するものは七覚支なり……この七覚支は植物が成長して枝葉繁り、ついに花が開くに例えん。これ念仏三昧の心霊の開く状態なり」とまず開題があります（『難無超』、一三三頁）。

『宗祖の皮髄』では「霊格の核と種の伝播」と題してもっと詳しく説明されています。

「およそあらゆる生物界を通じて、細やかなる草でもまた大樹でも、また下は黴菌《ばいきん》から上は人類にいたるまで、種子なくして生ずるものはなからん。原形質が原因となって、大きな象ともなり、小さな蚤《のみ》ともなる。心霊の生命にも必ずや種子あり。種子あればまた核あり。

しからば、われらの宗祖の霊格を敬慕して小法然とならんと欲せば、何らかこれ原形質なる。春日和気《しゅんじつわき》に催されて咲く花のオシベの花粉は、馨《かぐわ》しき香りを放ちつつ花の中心なるメシベの中に入る。雄性の精子が雌生の卵房に入れば、そこで胎子となる。それがもととなってついには果実となる。……鶏の卵子においても、雄性の原形質を受けざるものは雛子《ひよこ》にならざるなり。ただ卵子は形のみにして生命なし。

かく卑近きわまるたとえをもって、無上最高の霊性に比するはもったいなきも、〈一切衆生《いっさいしゅじょう》ことごとく仏性《ぶっしょう》を有す〉とて、みな仏になる核の半面は、本来そなえるところのいわゆる本有《ほんぬ》の種性《しゅしょう》なり。しかれども、新薫名言《しんくんみょうごん》の種子《しゅうじ》を受けざれば、活《い》きたる霊胎とはなれざるなり。

……

念仏三昧《さんまい》の花の開くときに、聖霊は実感的に入精す。その霊妙不可思議の霊感が霊胎となるなり。われらが如来の霊に触れて、聖《きよ》き自覚に、聖き妙味を覚ゆることは、かの原形質がわが心の内に入りて、その種子よりつねに光明赫灼《こうみょうかくしゃく》たる妙色《みょうしき》の相好を感発するがごとし。」（同、三一～三二頁）

## 五根五力から七覚支へ

「光明主義における五根五力の修行の目的は〈私共が大ミオヤの慈悲の聖容を想い上げられるようになること〉である。従来の他力念仏に左右されて御名に心を注いで念仏すればよいというのではない。阿弥陀の名に依って体を徴する、即ち御名を呼んで万徳円満なる如来を念ずるのである。〈名を称すれば意は仏を憶う〉のである。早く慈悲の聖容が想い上げられるように努力して、ほのかにでも自己の心中に真実の大ミオヤ、報身仏の慈悲の聖容を想い上げ憶念することが出来るようになったところが五根五力の修行の成就、修行の終わりである。」（『注解』、五三六～五三八頁取意）ここで『注解』とは笹本戒浄上人（一八七四～一九三七）口述、泉虎一師（一九〇八～一九九四）筆録の『弁栄聖者光明主義注解』の大著のことで、以下七覚支や啓示についての解説は多くこの『注解』によっています。

上記のように五根五力の修行は七覚支への土台となるべきものですが、さまざまな事情によってはここで足踏みとなることもありうるでしょう。見仏三昧を至上とする見地からは残念なことですが、これに関して聖者の『お慈悲のたより』上巻には次のような一節があります。

「もし見仏三昧と言う時は仏の相好円満なるを見るに至らざればならぬと言えば人に依りては難きなり。光明に浴し、また光明に接触することは易し。……仏の相好を見ざれば見仏に非ずとおもうてむずかしく取る故に難きことと思う。

たとえば太陽は正に見えねども、太陽の光明中に居る時は明るくまた暖温を感ずる如く弥陀の光明中に入る時は有難さかたじけなさを感じ、また法喜禅悦の悦びと楽しみを感じらるる。また前は闇黒な夜には世界も見えぬためにせまく感ずるけれども、明けて明るくなれば、天地も広く見えるように、信心の夜が明ける時は、光明中の生活にして、心広く体胖《ゆた》かになりて、何とも云われぬ感じを覚え申し候。かような状態に入ることを光明獲得と申し候。……約して云わば、自己が光明中にあるとの自覚を得るを光明三昧発得と申し候。」（同書、四三六～四三七頁）

「心広く体胖《ゆた》か」とは中国古典「四書」の一つ、『大学』の有名な一句で、人の好ましい姿を表しています。徳をそなえ、内に省みてやましいところがなくなると、心はいつも広くなり、からだもゆったりと落ち着いた態度になる。ヒロビロとスガスガしい、かたじけなさに満たされた安らかさがえられるということでしょうか。

なおもう一つの問題、弁栄聖者最晩年の頃、いわゆる「見仏の二義」、すなわち「見仏主義と光明主義」をめぐって『ミオヤの光』誌上などで問答があり、後年にも長く尾を引いたテーマがあります。聖者に随行して直接この話題についての聖者のお言葉を聞かれた方の記録もあります。『光明の生活』の「見《みる》と不見《みざる》とに係わらず一心に念仏して如来の慈悲に同化せられんことを要す」(同書、五〇二頁)を注解して戒浄上人は「これは明らかに五根五力の御教えであります。弁栄上人様の方便の御教えであります。この五根五力の御教えを論拠として、弁栄上人様が〈見仏できてもできなくても如来様のお慈悲に同化せられんことを要す〉といっていらっしゃるから〈見仏を所期とする必要なし〉と主張するのは五根五力と七覚支を混同したのでありますから誤りであります」とされています(『注解』、一六六頁)。

この辺のことについては拙著『近代の念仏聖者 山崎弁栄』の中で「見仏主義と光明主義」、「見仏の二義」、「光明主義の皮肉骨髄」などの小見出しの下、当時の経緯等をまとめておきました(同書、一二一〇〜一三九頁)。

つぎに七覚支の進みのあらましを前述のおさらいを兼ねてもう一度概観しておきましょう。

「七覚支の修行に入るには、五根五力の第一歩より、一番よい見仏を目的として、五根五力の修行によって、一心に念ずれば心にほのかにでも大ミオヤの慈悲の聖容が心に想い上げられるようになっておることが絶対不可欠の条件である。……五根五力の修行によって、念仏しておる時に、努力をするならばほのかにでも報身の慈悲の聖容が心に想い上げられるようになった後に、正しく大ミオヤをお慕い申すために、その慈悲の聖容に心を注ぐのが択法覚支の修行でである。……慧眼、法眼が次第に深く開けるのは喜覚支から軽安覚支にかけてである。軽安覚支では、大ミオヤの真理の法則によって、まず慧眼が明了になり次いで法眼が明了になる。まず明了に開けた慧眼で合一した本来無一物本体無東西の中に、明了な法眼で報身の聖容を見奉ることができるようになる。

初歩の仏眼で三身即一の報身仏の慈悲の聖容を見奉ることができるようになった境界が（智慧光による啓示の四位でいえば「開」の位、すなわち）感覚的啓示の満位、定覚支を得た境界である。（啓示については後述します。）

初歩の仏眼が明了に開けて、いちおう三身即一の報身仏の大智慧大慈悲の内容を三昧体験するのが（「示」の位、）写象的啓示の満位、捨覚支を得た境界である。

捨覚支より更に進んで、仏眼で三身即一の報身仏の御姿を念に応じて見奉る自由を得た後に、大ミオヤの光明にしかと照らされて法身と合一して本来無一物本来無東西と成った状態が大ミオヤの理想的啓示（すなわち「悟」の位）を得た状態である。理想的啓示により本体の法身と合一できた仏眼の自境界が念覚支である。慧眼で法身と合一したのは浅い境界なので理想的啓示とはいわない。」（『注解』、五四二～五四三頁）

なお、啓示にはさらに「入」の位というのがあり、これは念覚支の境界が一層進んで超日月光のお育てをも受けて三身四智の仏眼が開けたところです。（後述「念覚支」の項など参照。）

## 七覚支各論

さて以下で七覚支各論に入ります。その構成は、

（甲1）『宗祖の皮髄』の本文（但し引用は同内容の『難無超』、一三四頁〜から）

（甲2）『人生の帰趣』記載の別説明（『難無超』にも一一〇頁以下に記載あり）

（乙）『礼拝儀』所収の各覚支の頌
（丙）聖者ご道詠（聖堂版『礼拝儀』所収）

（丁）「聖者から大谷仙界上人へのお慈悲のたより」（以下では「大谷書簡」）

の各文章を七覚支に配当し、加えて『注解』の解説のほか柴武三師（一八九八〜一九七八）の文献、大和顕栄師の注釈的口伝の抄録、笹本戒浄上人や杉田善孝上人のご法話録からの摘録、などによってその覚支の味わいを確かめたいと思います。前述の概論的記述が大きな下敷きになっています。

### （1）択法覚支《ちゃくほうかくし》

（甲1）択法覚支とは、弥陀に入神の着眼点なり。まさに正鵠を認定する。（正鵠とは弓の的の中心の黒点。ここでの意味は報身弥陀の最中心たる端正無比の慈悲の御顔《みかお》を「聖容」の同義と仰ぐこと、

それが御名を通して念《おも》う正鵠に他ならないのです。）択は簡択《けんちゃく》とて、すでに（五根五力の）前《まえ》方便の素養あるをいう。たとえば太陽といえば、太陽が心に浮かぶごとくに、弥陀仏といえば弥陀が思想にあらわれるごとし。しかるときは、それが正鵠を択びて心々連続して、神《たましい》をその中に入れるなり。動ずれば雑想・妄念群《むらが》り出でて、正境を乱さんとす。意志を凝《こ》らして正鵠に向かわしむ。択法はこれ神《たましい》を統一するの法にして、あるいは仏の白毫に意を注ぎ、あるいは総相を想うもよし。また専ら名号に専注し、口称《くしょう》をもって心を統一するもよし。要は一心統一して、弥陀の霊中に神《たましい》を入るるにあり。（一三四頁）

（甲2）択法覚支とはすでに信心が喚起されて、如来をわが有《もの》とせん、我《われ》如来の有《もの》とならん、われ如来の中に入らんとする。しかれども自己の胸中には種々の妄想煩悩が雑起し聖如来の中にある心ははなはだ捕捉しがたし、故に如来を真実に愛する。初めは択法して如来の中に他の妄想煩悩のために捕われぬように意を用いねばならぬ。もし妄想邪念起こるときは勤めて其れを捨て専ら如来に専注す。（四九二頁）

（乙）弥陀《みおや》の身色紫金《しんじきしこん》にて　円光徹照したまえる
端正無比《たんじょうむび》の相好《みすがた》を　御名《みな》を通して念《おも》おえよ
総《すべて》の雑念乱想《みだるるこころ》をば　排《ひら》きて一向如来《ひたすらみほとけ》に
神《こころ》を遷《うつ》して念ずれば　便わち三昧成《さんまいじょう》ずべし

（丙）こゝをぞとさやかに今はみへねども

月のかたにぞあくがれにける

(丁)「大谷書簡」の前半、「すべてを大ミオヤに御任せ申し上げて常に大ミオヤを念じ大ミオヤはいつも離れずあなたの真正面に在まして慈悲の面を向けて母の子をおもうごとくましますす」は五根五力の状況と重なり重要です。

雑念とは如来の聖容を憶念する以外のすべての念、乱想とは本文中の白毫や御顔の一部に心を留め、また名号口称のみ……などが当たるでしょう。これらは古徳の言を引いての対機方便、本意は「御名を通してお慈悲の聖容を念おえよ」の徹底でしょう。

上記(甲1)の文において「あるいは仏の白毫に意を注ぎ、あるいは総相を想うもよし。また専ら名号に専住し、口称をもって心を統一するもよし」とありますのは、実は笹本戒浄上人によれば方便の対機説法であって雑念乱想の三昧に入りこむ懸念が大きいとされます。

「仏知見開示せらるる所観の表象(行者の心念に映じてくるもの)は三昧の観相豊饒なる大乗仏教では甚だ多い。(しかしそれら所観の境相は行者たる宗教の主体と如来たる客体との関係に依るものであるから)宗教的客体との関渉に、すなわち三昧の中に先駆として、意識に発現し来るものは感覚態なり。感覚とはいうも主観的なることは言を俟たず」(『難無超』、一一三頁)とある通りで、念に応じて三昧の内容が決まってきます。念根念力の重要性を想起しなければなりません。大正八年、藤本浄本上人が聖者に初めて会われたとき、上人「極楽はキレイでしょうね」、聖者「ハイ、キレイです」、上人「地獄は恐ろしいでしょうね」、聖者「私は地獄に心をかけたことなく知りません」、との逸話があります（『日本の光』、四七一頁）。

笹本戒浄上人のご注意があります。

「信念が完全であっても、修行未熟の間は、自己の信念に反して〈明相を見る、瑠璃地の一部をちらと見る、妙音を聞く、妙香を感ずる、皮膚に妙なる触を感ずる等〉のことがある。このようなことが決して起こらないように、と慈悲の聖容をお念じ申す一点張りで念仏しても、修行未熟のために上記のような雑念乱想の三昧に入ることがある。弁栄上人は悟の位の仏眼が深くお開けになるまでは、雲の中にミオヤの御姿を見奉る、瑠璃地の一部の上に立っておられる如来様を拝む、蓮台の上のミオヤの御姿を拝する、などということはなく、ただ大ミオヤの御姿ばかりを拝しておられた。極楽ばかりを見るとか、弥陀三尊を見奉る、極楽の宮殿の中に在ますミオヤを拝する、極楽で諸菩薩に説法しておられる如来様の御姿を拝む、というようなことは悟の位の仏眼が深く開けるまでは起こらなかった。深い悟の位の仏眼から入の位の仏眼にお移りになるにつれ、初めて弁栄上人は慈悲の聖容をお念じ申す一点張りでありながら、大ミオヤの御力によって自然に次第にはっきり極楽をご覧になるようになられた。」（『注解』、五四五〜五四六頁）

## （2）精進覚文

（甲1）精進覚支とは、正鵠に向いて心々相続するに、勇猛精進に身を責め、己を摧《くじ》きて霊性を発揮す。たとい弥陀の日光は照らせども、金剛石もいまだ研《みが》かざれば、日光を反映するの性徳あらわれざるごとし。肉性を責め、理性を砕きて、霊性を発揮すべし。導師（善導大師）は、一切の毛孔《もうく》より汗を流し、眼より血を出したまいしと。宗祖は極寒にも熱汗を流したまうと。先聖すでにしかり、われらなんぞ倣《なら》わざらん。（一三四頁）

（甲2）精進。如来の光明の中には一切の霊、真善美としてことごとく所有せぬはない。故に我を捨て如来を取り、勇猛精進し、霊は如来の子であるけれども、魔の眷属たる煩悩我が跋扈《ばっこ》して、如来とわれとの共に在ることを妨げる。そこで自己の罪悪を自覚するに随って、業障懺悔の苦悶が深く感ぜられる。刻苦奮励はあたかも鉱垢から純金を練り出すごとく、霊性の実現に力《つと》めるのである。

如来の霊相《みすがた》彷彿として在るがごとく亡きがごとく感じられる。信念強ければ魔の障りも随って強い。いまだ少しも信心開発に心力を用いざるものには、業相もまた感ずるはずがない。

種々の業相現前するもあえて意に介せず、霊性現前に突進す。もしわれ如来霊相を得るにあらざればむしろ死すとも動かじと一心金剛のごとくならばなんぞ成功せざらん。たとえば学業技芸等も熱誠に精練するときは必ず成熟すべきがごとくに霊性発揮に熱注せば必ず成就す。これを精進覚支とす。（四九二～四九三頁）

（乙）声声《しょうしょう》御名を称えては　　慈悲の光を仰ぐべし

身心《しんじん》弥陀を称念し　勇猛《ゆみょう》に励み勉《つと》めかし
金剛石も磨きなば　日光反映するが如《ご》と
三摩耶《さまや》に神《こころ》を凝《こら》しなば　弥陀《みおや》の光は輝かん

(丙)す丶みゆく道の遠さもおぼ丶えじ
　高峰《たかね》の月の見まくほしさに

(丁)「あなたは其のみをおもうて専らにしてまた専らなる時は、」（「大谷書簡」）
初期の法眼（「思惟」の段階）が開けます。

## (3) 喜覚支

(甲1) 喜覚支とは、一心に念仏する窓には霊光射《さ》し来る。春風おもむろに吹きて、和気藹々《あいあい》と流る。三昧の兆候、霊性に現ず。心ますます微に入り、心気いよいよ朗らかに、いまだ旭日を見るにいたらざるも、東天すでに曄曈《ようどう》（明るく輝いてくる様）をなす。このとき歓喜《かんき》天地にみてり。これ喜覚支なり。（一三四頁）

(甲2) 喜。喜とは三昧定中の前駆として現われる心的現象にて三昧いよいよ深く心念ますます微にして、霊妙なる定中の喜楽を感ず。この甚深なる定の歓喜はいまだ禅味を実験せぬ人には想像もできぬ。（四九三～四九四頁）

（乙）偏《ひとえ》に仏《みおや》を見まほしく　愛慕《あいぼ》の情《なさけ》いと深く
身命《しんめい》惜まず念ずれば　即ち弥陀《みおや》は現われん
念念仏を念じなば　慈悲の光にもよおされ
霊《きよ》きめぐみに融合《とけお》うて　歓喜極《よろこびきわ》なく覚おゆれ

（丙）まちいづるほのかに山の端《は》ににほふ
月見るときはうれしかりけり

（丁）「だんだんと心が統一できて、」（『大谷書簡』）
一切が無くなる初期の慧眼を体験します。各一分《いちぶん》ながら法眼と慧眼が時を異にして交互に現われるといいます。これを「背面相翻」（注）といいます。そして「正受」を予感します。

（注）背面相翻《はいめんそうほん》とは天台仏教の二物相い融じて差別なしと考える「即」に代表されるような円融思想の一大水脈の一つと思われます。

天台宗を開いた智顗《ちぎ》（隋、五三八～五九七）が「十妙」を説き（『法華玄義』）、中興の湛然《たんねん》（唐、七一一～七八二）がその実践的解釈を述べ（『十不二門』ほか）、それをさらに知礼《ちれい》（宋、九六〇～一〇二八）が新たに即の三義として意義を明らかにしたものであります（『十不二門指要鈔』）。ここで「新たに」とは、諸教諸宗で「即」の義はつとに用いられている（たとえば華厳宗の相即相入、天台宗でも六即〈理即、名字即などの教義〉）のに加えて、の意であります。

知礼は「即」に二物相合《にもつそうごう》、背面相翻《はいめんそうほん》、当体全是《とうたいぜんぜ》の三種の別があり、次第に即の度合いが浅から深に深まっていくといいます。二物相合の即とは明と暗の如くその体は別ながら所在を同じくするように、二つの別物が合して離れないという程度の即であり、仏教の学派でいえば通教すなわち大乗でも初門の般若思想に当たるといいます。背面相翻の即とは現象的な相（かおかたち）は異なるものの本質的な性（実体）においては一である関係にあること、たとえば掌《たなごころ》の表裏のごとく一見別物のようにみえるものの元をただせば一である如き関係の即であります。仏教の学派では別教、すなわち『華厳経』の教えに当たるといいます。当体全是の即とは二にしてしかも一であること水と波の如くといい、たとえば渋柿がそのまま甘柿となるようなものであり、天台の円教がこれに当たるといいます。

要するに二物相合の即は不離にしていまだ不二に非ず、背面相翻の即は不二にしていまだ一に非ず、当体全是の即は不二にしてしかも一なりとなすわけです。知礼は、よく知られる「煩悩即菩提」の即の深浅を論じています。また、弁栄聖者の五眼でいえば仏眼がまさに当体全是に当たるでしょう。むしろ、信奉する経文教義がいかにともあれ（自分が天台宗を奉ずるからというだけでは当体全是になるわけではなく）、この仏眼こそが開けずしては当体全是の実を悟ることはありえないことであります。

この背面相翻への言及は笹本戒浄上人（『全集』上巻、五三三頁）を初め柴武三師の『弥陀の啓示「開示悟入」』にも出ています。杉田善孝上人のご法話にも例があり、昭和四四年の別時法話で、仏眼の大切さ、偉大さを強調しつつ「即」の三義に言及されていました。『光明』誌平成二八年三月号に記載があります。

「お育ては時を異にして開けて、ある時には無一物の世界を了々として見ており、また別の時間には五妙境界だけが直観されている。慧眼、法眼が時を異にして現れてまいります。そういう心に如来様はだんだんお育て下さいます。」（『笹本戒浄上人全集』上巻、五八一頁）これはまさに背面相翻のお話かと思いますが、これに続いては「慧眼、法眼円かになってきますと、慧眼、法眼と名づけずに仏眼と名づけます。仏眼は実に尊い悟りであります」という風に『宗祖の皮髄』の「霊験の種々なる方面」に明かされた仏眼の世界の解説に進まれるのです。

## （4）軽安覚支《きょうあん》

（甲1）軽安覚支とは、神《たましい》が確かに如来の霊中に入りて定中に喜びを覚ゆるにいたれば、すでに神《たましい》が如来に乗りえたるなり。如来に乗りえたる意は無我なり。無我無意識になれば心意を煩わすものなし。身心ともに軽安を覚えて、すなわちわが有を感ぜず。（一三五頁）

（甲2）軽安。定中の喜楽を覚え、いよいよ純熟するに随いて、融朗《ほがらか》にして不可思議、身も心も如来の中に溶け込みて、苦楽の束縛から抜け出で、我《が》が亡《もう》じた処に、無限の愛と喜びに満たされて、しかして無限に抱かれてこれと融合した処に身心の軽安を感ずる。（四九四頁）

（乙）御名《みな》に精神《こころ》はさそわれて　心念ますます至微に入り
三昧純熟する時は　清朗《ほがらか》にして不思議なり
我等が業障《ごっしょう》ふかき身も　慈悲の聖意《みむね》にとけおうて

身心《しんじん》あるを覚おえで　定中《じょうちゅう》安きを感ずなれ

(丙) おぼろ夜のさやかに月は見へねども
今宵《こよい》はこゝろのどけかりけり

(丁)「あなたの心はみだの御慈悲の面にうつり御慈悲の面はあなたの心にうつり、」(「大谷書簡」)

慧眼(空)が円満となり法眼(色)も成長、仏眼の初歩が開けます。慧眼円満により所念高遠なるに応じて能念も随って高遠となり、「六十万十万億の奥行きの堂」がわかってきます。空を重んじる禅者といえども「能礼所礼性空寂(真空)　感応道交難思議(妙有)　故我頂礼無上尊」の心境に至るといわれます。

次のような戒浄上人のご法話は、背面相翻が次第に高度になりやがて法眼も成長して仏眼の当体全是に進む過渡的な状況をお示しになったものではないでしょうか。後半は仏眼を得ての智慧光の啓示が深まっていくことの説明です。(なお以下の引用は前著「四大智慧の真実」の章、法眼・慧眼に関する拙論にも引用しましたが、重要なので再録します。)

「自分の立っている処が瑠璃地であるのを拝んだり、妙なる音楽を聞くということがあるようになります。妙なる音楽をちょっと聞いただけでも、身も心も一切の汚れを浄められた感じがいたします。また結構な香《かお》り、それは身も心もとろけるような結構な香りであることがあります。それが束の間に消えることがあり、また数日にわたって消えぬことがあります。お浄土に生まれたというのでありますから、お浄土のことをチラリホラリ聞いたり見たりする訳であります。

これは未だ眼が十分に発達しておりませんために、お浄土のことをチラリホラリとしか聞いたり見たりすることができない訳であります。」

「しかしなお進んで、一心にお念仏して如来様のお育てを受けますと、私共、如来様の慈悲の聖容《みかお》を見奉ることができるようになります。それも初めは、ハッキリではなく、自分の想像に過ぎないと思われることもありますが、しかし、それがお浄土の如来様である、と信じてじっとお見つめ申して一心に南無阿弥陀仏南無阿弥陀仏とお念仏申しておりますと、遂に三昧心成長して、初めとはとうてい比較にならないほどにハッキリと生ける大慈悲の聖容を見奉って、無限の法悦の中に、霊感きわまりなきに至ります。そうして、その生きていらっしゃる如来様の慈悲の聖容をふりさけ仰いで、一心に南無阿弥陀仏南無阿弥陀仏と聖名をお呼び申しております時などに、たちまち何もかもなくなってしまう。如来様もなく、自分もなく、一切がなくなってしまいます。周囲の壁もなければ、天井も畳もありません。透きとおった明るみもありません。自分の叩いている木魚の音もなく、木魚を叩く努力の感じもありません。それではお念仏申しながらグッスリと寝込んでしまったのかと申しますと、けっしてそうではありません。ハッキリハッキリ目覚めております。

形もなければ色もない、東もなければ西もない、堅さ柔かさ暖かさ冷たさというようなものもないというのでは、何が何だか訳の分からぬものかと申しますと、訳の分からぬどころか、何がハッキリしておるといってこんなにハッキリしたものはありません。こんなに確実なものはありません。ただ、その状態をしいて形容するならば、ただハッキリ目覚めているということができる訳であります。これはすなわち、実に空間を超越し、時間を超越し大宇宙としての自分、大我としての自分にハッキリと目覚めたのであります。

私共は一心にお念仏いたしますと、如来様のお慈悲によってそのようにならせて頂きます。今申し上げたことが自分の事実となってまいります。了々として大宇宙が目覚めたる常平生の自分となってまいります。そしてまた、その大宇宙の中に再び如来様の慈悲の聖容を見奉ることができるようになってまいります。かくのごとく最初、如来様は感覚的啓示《かんかくてきけいじ》をお示し下さいます。そして次に写象的啓示《しゃしょうてきけいじ》、理想的啓示《りそうてきけいじ》というように、だんだんお育て下さいます。

感覚的啓示と申しますと、如来様の相好が拝めますとか、身も心もとろけるような結構な香りが感じられますとか、何ともいえない結構なものが身体に触れるのを感じますとか、瑠璃宝地を拝みますとかいうのを申します。写象的啓示と申しますと、如来様の御心をお示し下さることであります。如来様の御心とは大慈悲と大智慧とであります。理想的啓示と申しますと、このように修行してまいりまして、遂に法身の理法と合一させて頂きます。すなわち、無生《むしょう》忍《にん》を得さして頂いた時であります。それは開発位の満位であり、お浄土の学校の卒業のところであります。」（『笹本戒浄上人全集』上巻、一八四〜一八六頁）

## (5) 定覚支《じょう》

(甲1) 定覚支とは、心が漸々、微に入り、妙が加わり、いよいよ心霊の日光があらわれ来る。金剛石に日光が加われば、石は日光をわがものとして光を発射するがごとし。月は天に在りながら、わが眼裡に在り、わが眼に在りながら、月、天にあり。如来がわれとなりしや、われが如来となりしや。徳本行者が、

「徳本が仏となることは難い、弥陀が徳本となるのは、即今南無阿弥陀仏の当念なり。」と。三昧入神の妙味ここにあり。

三昧入神、生仏冥合、この心霊の華開くとき、弥陀の霊応、まさしくわが霊性と合体す。春日麗《うらら》かなるに、色、美《うるわ》しく、香、かぐわしきとき、オシベの花粉はメシベに入る。これがこれ聖胎なり、真の仏子となるの妙機なり。(一三五頁)

(甲2) 定。身心ともに大我《たいが》に融合して、身心ともに亡《もう》じたるごとくなれども、そのすべてが絶対に没却《もっきゃく》してしまったのではなく、霊我を通じて無限の大光に接するのである。神気晴朗にして片雲なく、麗日天に赫《かがや》き照らすこと極まりなく、神秘の霊感、仏、我に入り、我、仏に入りて、八面玲瓏として、内容の歓喜言うべからず。如来の愛に充たされ喜に充ち、三昧中に全く大愛に充満され、全部が如来に抱擁され、歓天喜地、これ三昧まさに発揮したる状態である。(四九四

頁）

（乙）弥陀《みおや》に心をうつせみの　もぬけ果《はて》たる声きよく
三昧正受《さまやのおく》に入りぬれば　神気融液《こころはきよみ》不思議なり
慈悲のみ顔を観《み》まつれば　尽《すべ》ての障碍《さわり》も除こりぬ
入我我入《にゅうががにゅう》の霊感《れいかん》に　聖《きよ》き心《こころ》によみがえる

（丙）月をみて月に心のすむときは
月こそおのがすがたなるらめ
あみだ仏と心は西に空蝉の
もぬけはてたる声ぞ涼しき（法然）

（丁）ここでまず（甲1）の「オシベの花粉はメシベに入る。これがこれ聖胎なり」に関連して注目しておきたいことは、弁栄聖者における開悟の構造として「聖種子」という概念が重要なことであります。通仏教的には「仏種子」とは「仏となる素質のある人」などと解され「仏性」とほぼ同義と考えられています。しかし聖者は阿弥陀仏の名号を新薫の聖種子ととらえ、これが衆生の本有の仏性に薫じて円満に成熟すれば、諸仏の果位に至らしめる徳を具する、と独自の見方をしておられます。詳しくは本節「七覚支」のはじめに「霊格の核と種の伝播」と題する一文を紹介しましたが、次のような一文もあります。

「人の本有の性は無定性にて、しかも一切の種子を薫習する性能あり。もしキリストという宗教的原形質が薫染すればクリスチャンとなる。もしマホメットの原形質が入ればマホメットが種子となる。今は衆生の仏性に阿弥陀仏の聖原形質が播下して、やがて仏子の面目をあらわす。すなわち宗祖はたまた教祖のごとき霊格となるのも種子にして、これわが祖が仏教中に最勝最上の聖種子を選びたるゆえんなりとす。」（『宗祖の皮髄』、四九〜五〇頁）文中の「やがて仏子の面目をあらわす」とは阿弥陀仏の憶念から見仏（真応身→霊応身）へのステップが進み、つまり仏種子が発芽していくプロセスにほかならないでしょう。宗祖は法然上人、教祖は釈尊です。

次の論点も重要です。

「而するとそれがだんだん深く入るに随いてあなたの心はなくなりて、唯のこる処は御慈悲の如来さまばかりと成り候。」（「大谷書簡」）

法眼も円満となり「正受」の心状、仏眼開け、不退転となります。三昧入神、生仏冥合、霊応身安置。「石は日光をわがものとして光を発射するがごとし」とは大我に融合しながら、しかし絶対の中に没却し去るのではなく霊我を通して無限の光明に接し、八面玲瓏、内容の歓喜言うべからず、の心境です。

「啓示」についてはこのあとすぐ説明しますが、この定覚支の初歩の仏眼では智慧光の「開」の啓示、感覚的啓示の段階です。先取りして申しますと、

「開―感覚的啓示として先ず如来様の四智の内の成所作智のお恵みにより法眼の御育てから被るのでございますが、如来様の御光明は常に四智円かであらせられますから、感覚的啓示に依

って法眼が円満になる過程に於て、既に写象的啓示の一部も頂けて慧眼開け、法身真如の覚明（平等性智）、如来蔵性（万徳を内蔵して一切万物を発現する根源。大円鏡智関連）、理法（万物を法則に従い秩序的に生成発展させる理法。統摂の理）の三面あるうちの覚明を自覚するに至ります。そしてその覚明は慧眼に依り円満に至る迄、又法眼も円満となりますから、この慧眼と法眼とに依って如来蔵性の一分をも悟らせて頂く事が出来ます。」

この説明は、柴武三師の論稿（『弁栄聖者の弥陀の啓示「開示悟入」』、昭和五一年、一五〜一六頁）からの引用であります。各覚支に対応する各啓示の「まとめ」的な記述が簡潔ながら有益と思われますので、以下の各段においても参考にしたいと思います。

## 開示悟入の啓示

七覚支の修行はこのあと定覚支以上へ進むわけですが、この進みにつれて智慧光による仏知見の啓示が伴ってきます。この啓示によって如来の真理を信認し悟達するに至るわけです。啓示の四段階を示す「開示悟入」の用語は『法華経』の「諸仏世尊出世の一大事因縁」として知られる一段のキーワードがルーツであります。すなわち「諸仏世尊は、衆生をして仏知見を開かしめ、清浄なることを得しめんと欲するが故に世に出現したもう。衆生に仏の知見を示さんと欲するが故に、世に出現したもう。衆生をして、仏知見を悟らしめんと欲するが故に、世に出現したもう。衆生をして、仏知見の道に入らしめんと欲するが故に世に出現したもう。舎利弗よ、是を諸仏は唯一大事の因縁を以ての故に、世に出現したもうと為《な》づく。」（『法華経』方便品第二。国訳は田村芳郎・藤井教公『法華経・上』、一三五頁）というのが経文です。一大事因縁とは仏の悟りの智慧を衆生に開示悟入せしめるということですが、弁栄聖者は智慧光の頌にこの開示悟入を巧みにうたい込み、念仏修行によって段々に開けていく境地を明確に定義されたのであります。伝統用語を転用して新たな血肉を盛り込まれた一例であります。

南無智慧光仏
如来智慧の光明に　我等が無明は照されて
仏の智見を開示して　如来の真理《まこと》悟入《さとら》るれ

念仏三昧の定中に啓示が伴うというのは、〈念仏者の主体からみれば観照または霊感を得ること、客体の如来からは啓示という関係〉であります（『清浄光・歓喜光・智慧光・不断光』、一三〇頁）。無称光の頌に「七覚心の華開き　神秘の霊感妙にして」の霊感に対するものが如来の「啓示」であります。この「華開き」について『十住毘婆沙論』に「もし人善根を植えて疑えば則ち華開けず、信心清浄なる者は華開けて即ち仏を見たてまつる」とあります（易行品弥陀章第一八頌）。

## 啓示の内容は妙観察智の用である

如来からの啓示を促す光明は智慧光でありますが、啓示の内容は妙観察智の用（はたらき）であるということに注意したいと思います。

「如来の心光と衆生の信念との関係をなす処の智相が察智なり。察智とは一大心象中の衆生心と感応し、これによりて衆生に知見を与え、また衆生相互の関係、もし哲学的に云わば宇宙と万物との関係、また万物相互の関係の心相なり。

四智の中鏡智と性智とは法界一体の総相にして作智は別相、色声香味触の感覚的の差別の上に現わるる心相なり。察智は前の総相と後の別相との両方の関係に現わる。」（『光明の生活』、一四八〜一四九頁）

両方の関係に現われる、とは、

「この両方を調和し、外部の刺激に反応し、また外界の事理を判断し両方を調和し、外界の印象を我に容れまた我が外界の事物に渉るが如きの作用をなさしむ。自然界と心霊界に通じて法爾として（あるべくして）この妙相存せり。」（同、一五〇頁）

察智はこのように働きますから、

「即ち人の心理智力に相当す。智力は自己に外界を判断する理性と外部の刺激に反応する感性と両性ありて智力をなす。衆生にこの智力とならしむる形而上の理性なり。察智の妙用によりて如来の心光と衆生の信念とは感応し、しかして人の仏智見を開き如来の妙境界を悟らしむ。しかして衆生仏智見開く時は一切の時一切の処において接近し常に啓示せられ悟入するを得。即ち衆生が三昧の中に神秘の感応によりて秘密の宝蔵を開き蓮華蔵界に羅列せる重々無尽の荘厳海を知見し、しかも唯知見するのみにあらず如来所有《しょう》の（如来がもっているところの）真理は悉く自性所有《しょう》なる事を知る。」（同、一四九頁）

あらためて妙観察智とは何かをおさらいしますと、

「妙観察智とは宇宙一大精神の一切知態にして、内容無尽の性相を包含し、実に（如来）蔵性豊富なること十方三世一切の事理を包含して遺《のこ》すことなし。例えば応身の釈尊の華厳三昧海（界）裡に、十方三世一切の依正物心（依報と正報、また物と心）として炳現せざるなきが如く、宇宙全体の内容に含蓄せる物象と心象とを開発し顕示するを用とす。

宇宙間一切の物質心質は小宇宙とすれば理性即ち察智を性具せざるものなし（察智性の依止するところ、つまり察智が拠り所として留まるところが、物心にあまねく内存する平等性智である故に「具せざるものなし」となります）。察智は内容を啓示する性なり。」（『無辺光』、二六五頁）

## 啓示の概略

さて、ここで以下、少し長い説明文ですが啓示の概略を学んでおくことが便利と思います。

（A）啓示には四つの段階、すなわち四位があるといわれますが、覚支と啓示の原則的対応関係は次のようです。

「開《かい》の位、定覚支における初歩の仏眼。

示《じ》の位、捨覚支における初歩の仏眼。

悟《ご》の位、念覚支における悟の位の仏眼、光明主義における無生忍、理の無量光。

入《にゅう》の位、超日月光における三身四智の仏眼、光明主義における無生法忍、事の無量光。」

（『注解』、五〇四頁）

なお、各覚支における啓示の内容はその満位の場合の状態を示しています。たとえば定覚支で開の啓示を受けるとは慧眼満位の状態で如来の相好を正受するという状況です。念仏実修においては喜覚支、軽安覚支の段階でも正受に先行する思惟《しゆい》として前駆的に如来相好妙色身に見《まみ》え、感得感応していくものと考えられます。以下、（B）、（C）の説明においても一挙に「頓」というよりは次第に「漸」というのが真相であろうと思います。

（B）啓示の四位が、端的且つ箇条書き的に教示された文章としては、『光明主義玄義』所収のそれが貴重です。
「開・先に慧眼が完全になり、次に法眼が完全になって、この二つが融合統一して初歩の仏眼を得た所が感覚的啓示の満位
示・初歩の仏眼が次第に深くなるにつれてミオヤの大智慧と大慈悲の内容と次第に深く合一

するようになる。ある程度までミオヤの大智慧大慈悲と合一したところが写象的啓示の満位悟・さらに進んで法身全体、特に法身の理法と合一した所が理想的啓示。無生忍入・ミオヤの体相用の一切が不生不成無作無為の真実在である事実を認識した所が無生法忍。三身四智の仏眼の境界。その満位が認識的一切智」（光明会本部聖堂刊、ワイド増訂版、一二四頁）。

（C）笹本戒浄上人によれば光明主義の正しい開示悟入とは次のような理解であります。

「光明主義の正しい開示悟入に関して……初歩の慧眼、初歩の法眼のいずれが先に開けるかは各人各別である。がしかしミオヤの真理の法則に従って、〈慧眼がまず明了に開け、その本来無一物の中に明了な法眼で報身の人格的の御姿を拝む〉という経過によって以下のように展開しよう。

①定覚支にて　初歩の仏眼で報身仏の御姿を見奉るようになったところ、すなわち法身の中心たる報身の妙色相好身と合一した境界で、これが感覚的啓示の満位、開の位の仏眼の境界である。なお以下、満位とはある段階の修行により三昧を実現して次のさらに高い段階に進むことができる素養が得られた状態のことで、完全円満に得られた意味の満位ではない。

②捨覚支にて　開の位の仏眼、即ち定覚支における初歩の仏眼によって、まず三身即一の報身の御姿を見奉ることができるようになる。その後に、いちおう報身仏の大智慧大慈悲等の内包

の聖徳を感ずるところ、即ち捨覚支における初歩の仏眼が明了に深く開けた境界が、**写象的啓示の満位、示の位の仏眼**である。開の位の後、なお一層正しい念仏を続けていると次第に仏眼が深く広く開け、次第に広く深く絶対の報身の大智慧と大慈悲、一切智と一切能と合一する身となる。この合一が深くなって体大法身の理法と合一しうる素養が実現したところが写象的啓示の満位である。

③念覚支にて　捨覚支において示の位の仏眼が開けた後に、更に報身仏の御姿をできるだけ大きくお念じ申す道を進んで、理想的啓示を被って法身（永遠の生命としての覚明・平等性智、一切の現象の本体としての如来蔵性、そして法身の理法の三面）といちおう合一できた境界が**理想的啓示の満位、悟の位の仏眼の境界**である。大ミオヤの清浄光、智慧光にしかと照らされて、絶対無差別平等無相無色と成りきって、体大法身全体特に法身の理法と合一する身となる。しかと体大法身の理法と合一した境界が理想的啓示の満位である。理想的とは理性的、理念的の意味である。これが光明主義でいう無生忍、理の無量光、念覚支における悟の位の仏眼である。」（『注解』、五〇五頁、および同、一三六〜一三七頁の部分引用を含む）

なおついでながら、「このように悟の位の仏眼で理想的啓示により本来無一物本来無東西となり大ミオヤの絶対の体相用と形式的に合一した境界が弁栄上人が光明主義の立場でいっておられる厳密な意味の無生忍の境界であるが、従来説を入れた方便のご説法では、慧眼で法身と合一した境界を、無生忍といっておられる場合もある」ようです（『注解』、九三頁）。

④聖の世嗣として　「念覚文における悟の位の仏眼によって法身と合一して、法身が一切の本体として絶対無規定円成実性である事実がいちおう三昧体験できた後に、更に報身の慈悲の聖容をお念じ申す一点張りの道を進む。そして念仏の心本尊に在ます三身即一の報身仏が法身の中心、実に大宇宙全一の独立自存する絶対純粋円満な現象態で、自然界と心霊界の一切の根本仏、その体相用の無差別平等無相無色の形式とその妙色荘厳の色相の全面が、絶対無規定で迷悟生仏の仮名を絶し一切の差別の相を離れながら、大宇宙の一切を自発する絶対的根源であるところの、十界事具の性具即事々無礙の性起の一切が絶対無規定の妙色荘厳の自受用身の内部変化である事実を、明了に三昧体験する境界が、入の位の仏眼、超日月光における三身四智のミオヤのお世嗣の境地である。」「光明主義でいう無生法忍、事の無量光は入の位の仏眼、ミオヤの世嗣の境界である。」（『注解』、五〇五～五〇七頁）

入の位の仏眼について、同書、一三七頁の表現は次のようです。

「さらに高く深く進んで、絶対の報身としかと合一して、無量光より超日月光にいたる十二の光明、同位同等の絶対理性と絶対感性、一切智と一切能、大宇宙全一の妙色相好身の一切が絶対無規定円成実性の真実在である事実を了々と完全帰納的に三昧直観して、超在一神的汎神の根本仏、すなわち絶対の心本尊に在ます法身の中心である絶対の報身即真実の自己となった自受用の境界が入の位の仏眼、三身四智の仏眼の三昧である。」

## 法身と報身のこと

上記の説明はまことに難しく、とくに法身と報身の読み分けがキーポイントとなりそうです。以下のご遺文も簡単ではありませんが重要なところです。仏智を説かれた「無辺光」、とくに聖者独自の大円鏡智の教義が前提になっています。

### 法身と報身の範囲

「哲学者が自然界と叡智界、または感覚界と観念界に区別している。感覚の範囲なる自然界の一切は法身の領するところ、天地万有が天則秩序の理系によりて行われる自然科学の対象とするところ。法とは天則の謂い、身とは天則を総括するところの本体。

一大本体の自然界と心霊界とは一体の両面にて、法身の一分身たる人が身体は外部より見るところは悉く物質にて、内観すれば頭より脚にいたるまで悉く精神ならざるなし。

法身は広義にいわば物心無礙一体の実体なれども、法身と報身とを対照するときは法身は天則に関する方面、すなわち感覚する方面なり。報身は終局目的（大我、真実の自己）に衆生の精神を摂取して永遠の光明に帰着せしむるものなり。」（『ミオヤの光』第四巻「霊徳の巻」、三三頁）

## 法身と報身の領分

「人の精神と身体、物と心とはもと一体の両方面にて、精神と身体・物質というも全く独立の実在に非ずとの説（聖者のお考えです。次の三点がポイント）。
㈠物と心とはもと一体の真性にて一方には精神と現れ他方には身体と現る。一本体の二性現。
㈡外感覚の現象界は物自体にあらず。内的知覚の心も本体にあらず。一の現象に過ぎず。物質と精神の根源は一。
㈢物心一体の両面観、物質とは外部より見たるもの、内省は心である。物質と心性とは実は同一不二のものを異方面より観察するに過ぎず。……

法身は天則的すなわち自然界の万物が天体は規則正しく運行し、四時行われ百物生ず。この天則の自然界に行わるるものは悉く因果律に行わるる、この因果法の天則秩序の統一的根源を法身とす。……

報身仏とはすなわち純主観界の現象にて自然界に経験すべきに非ず。主観としても宗教的霊性開発して心霊界に発見すべきものである。……報身妙色荘厳等の相ありといえども自然界生理学的の現象に非ず。故に報身の智慧光明等も衆生一心に三昧を修して精神界に於いて観るべき境界なり。心霊界すなわち観念界は自然界と共に無辺際である。

心と物、我と外界、神と自然、この二面は古来あまたの科学者や哲学者の深く頭脳を悩まし

たる人生の根底に横たわる不思議の謎である。……」（同、三三三〜三三五頁）

## 法身・報身の広狭の区別と対応関係

上記と同旨の文が『光明の生活』にも出ています。同書は『無量寿経』の発起序とされる世尊の「三相五徳」を詳述するという形で光明主義の教えを展開したものでありますが、このうち、「五徳篇」の冒頭に「法身と報身との領分を分てば」という書き出しで次の一文があります。

「いま初めに法身と報身との領分を分てば、如来は絶対者である中にその絶対大霊から天則によりて自然界の方面に天地万物を生産し養成し保存す。生滅変化せしむる、すなわち十方に亘り三世に通じて因果律に行わるる方を法身の領分とし、絶対より相待の世界の方面に生産する処すなわち自然界の方面に天則的に行わるるものをいう。

報身の領分とは天則の方面より衆生の心霊を開発して精神界に闖入《ちんにゅう》して（入り込んで）絶対無限の如来の霊界に帰入する方面である。」（『光明の生活』、二九八頁）

この文について笹本戒浄上人は次のように注釈をしておられます。法身、報身の範囲や領分について、聖者のご真意には狭義、広義、最広義の区別がある、とされるのです。聖者の謦咳に接し三昧発得されたお方のご注釈です。

「これ（前掲の文）は狭義の法身、報身の面より見た御教え。

弁栄上人の御教えには法身、報身に広狭の区別をしておられる。

㈠狭義の法身、生産門における自然界の絶対主体としての法身。

広義の法身、自然界と心霊界の全面の本体としての法身。

最広義の法身、本《もと》より絶対円満な体相用をご自身の絶対同時の三方面としておられる絶対の真仏、自然界と心霊界の全面の根本仏で、本より相好円満な大ミオヤ。弁栄上人の真精神のご教示における法性法身、本有法身の法身は最広義の法身、である。

㈡狭義の報身、摂取門における念仏の心本尊としての報身。

広義の報身、心霊界と自然界の全体の絶対真仏としての報身。絶対自身の報身。法身の中心としての報身すなわち一切の根本仏。弁栄上人の真精神のご教示では、本より相好光明大霊力を完備した内的目的論の本覚の如来、久遠実成の弥陀、法身の中心としての報身、絶対自身で因果のない広義の報身、自然界と心霊界の一切の根本仏で法身の枠としての報身。」（笹本戒浄『光明主義注解』、一四三〜一四四頁）

法身と報身の三方面の対応関係

戒浄上人に学ばれた杉田善孝上人（一九一一〜二〇一〇）はある法話の場で大要を次のように話されました。


「㈠法身は大宇宙の一切の差別現象の根底・本体。

報身は大宇宙の絶対的現象体としての中心。

㈡法身は大宇宙の全体。
報身も大宇宙の全体。
この故に法身として在《いま》さざる処なし。また報身としても在さざる処なし。
㈢法身は大宇宙を理法を以て統べ括り給う御身。
報身は大宇宙の一切の現象を理法を以て統御する処の中心。」
（『杉田善孝上人　唐沢山別時御法話　第一編』、六四～六五頁）

## （6）捨《しゃ》覚支

（甲1）捨覚支とは、捨とは任運無作《にんぬんむさ》とて、念仏三昧の意志の用心が初めに注意を怠ると、いつの間にか心が仏と離別するけれども、漸々純熟するにしたがって、ついには注意を要せずとも、自《おの》ずと三昧を成ずるなり。たとえば射を習うにも、初めにはよほど注意せざれば矢ゴロを失えども、よく稽古を積むときは自ずと的中するにいたる。三昧も熟すれば自然と仏心と相応して離れることなし。（一三五頁）

（甲2）捨。すでに全く大我の中に自己の全部を摂《おさ》められて、自己の心と大霊《たいれい》と合してよりは、必ずしも意志の集中を要せず、任運自然に如来と離れず、すでに常恒任運に三昧中に在りて、如来心の外《ほか》に我無きに至る。初めには霊悦は失い易し、細心の注意を要す。すでに純熟久しければ、

無意識的にして仏と共なり。これを捨という。（四九四～四九五頁）

（乙）絶対無限の光明の　中に安住するときは
此処《ここ》に居ながら宛《さな》がらに　神《こころ》は浄土《みくに》に栖《す》み遊ぶ
夜な夜な仏《みおや》と共《とも》に寝《い》ね　朝な朝なも共に起《お》き
立居《たちい》起臥《おきふし》添《そい》まして　須臾《しばし》も離るることぞなき

（丙）月《つき》かげに我《われ》をはなれてすみぬれば
こころにかゝるうき雲《ぐも》もなし

（丁）「絶対無限の光明」は解脱涅槃の境界を詠われた「無対光」の頌の冒頭と同文です。また「夜な夜な仏と共に寝ね」以下の四句は中国南北朝時代の在家ながら有名な禅者傳大師《ふだいし》の詩頌の引用で、不離仏値遇仏の境涯を表しています。『宗祖の皮髄』にも引かれています。

「仏身を観るものは仏心を見る」（『観経』真身観）。啓示では「示」の仏眼、写象的啓示の段階。説話的啓示を含むとされます（善導〈六一三～六八一〉が三昧中に如来に師の道綽〈五六二～六四五〉は往生できるか否かを問うた、との説話があります）。

如来の万徳（大智慧―四大智慧、大威神―神聖正義、大慈悲―一切の恩寵）をうけ、「如来蔵性」の全分を悟ります。

柴武三師の論考（前掲書）

「示―写象的啓示を受けて居る境界を示と申します。写象的啓示とは姿形なき超感覚の啓示、即ち如来様の御心である四大智慧と大慈悲と大威神の御心をお示し下さる階梯でございます。そこでこの階梯に於て四智何一つ欠ける事なく豊かになって参りますから、如来蔵性の全分を悟る身とならせて頂けます。」

次第に神秘的体験が深まります。田中木叉上人の御法話に次のような対応表がありました（冨川茂『田中木叉上人御法話聴書』、一九頁）。

天性—本能—常識
理性—知能—学識
霊性—霊能—覚識

## （7）念覚支

（甲1）念覚支とは、念とは〈一人一日のなかに八億の念あり〉と。すでに仏子の核となりしうえよりは、寝ても覚めても、念々にその核が中心となりて、あたかも果実がだんだんに長養するがごとし。これすなわち各自の人格を形成する元素なり。もし悪人にして地獄の性格となる者の核は、枳《からたち》の如き果を成熟するために、日々、悪業増上の働きを積んで地獄の種子を造り、それが熟すれば身は人間に在りながら、すでに地獄の業識が熟するなり。もし念仏三昧をもって業事《ごうじ》成弁《じょうべん》（往生の因が完成して必ず浄土に生まれることが決定）するときは、身はこの土（世界）に在りながら、すでに弥陀の種子が、その人の心霊に成熟するをもってのゆえに、菩薩聖衆といわれ、その中心よりおこる三業（身口意の三のはたらき）の所作は、ことごとく仏子・仏心・仏行となるなり。（一三六頁）

（甲2）念。念とはすでに如来心中の自我なれば、如来の泉源より流れ出るわが心念である故に、仏心すなわち自心、自心すなわち仏心、念々仏心と相応す。いな仏心が自己の心を通じて発す。（四九五頁）

（乙）聖寵《めぐみ》に染《そ》みし我心《わがこころ》　秋の梢のたぐいかも
聖旨《みむね》の光に霊化《れいか》せば　光栄《さかえ》あらわす身とぞなる
聖旨を意《こころ》とするときは　八億四千の念念も
みな仏心とふさわしく　仏子の徳はそなわるれ

（丙）さゞなみにすがたはちゞにくだけても
月の光の映《うつ》らぬはなし

（丁）仏が自分の心に入った状態。仏心仏行、如来心中の自我、度我行を行じます。頌の「聖旨を意とするときは」は、超日月光の頌「聖意を己が意とし」に通じます。念覚支にいたって、念覚支を起点に、初めは「悟」の啓示を受け、次いでなお進めば「入」の啓示を受けて超日月光の度我行を実践する境涯となるわけです。法身と合一する「悟」の啓示（法身理想的啓示）とは、法身の形式と合一すること、すなわち「覚明」、「如来蔵性」に加え「理法」（万物を法則に従い秩序的に生成発展させる理法。統摂の理）をも悟る段階です。柴武三師の論考（前掲書）によれば、「悟―法身理想的啓示を被って居る境界でございまして、法身真如全体即ち前述の覚明及び如来蔵性は勿論法身の理法全体と三昧融合出来るのでございますが、この境界では理法全体とは云いながら、未だ形式だけだと承って居りました」と。

また同師によれば、「入―この入の境界は三身四智の三昧とも、大乗仏陀釈迦の三昧とも云われ、前の悟の境界が無生忍と呼ばれるのに対し無生法忍とも呼ばれて居ります」とされ、さらに「弁栄聖者が仰言って居られましたが、善導大師、法然上人、徳本行者等の念仏行者はその御晩年にはみな大乗仏陀釈迦の三昧に入神して居られましたが、これにも深浅があって、究極の認識的一切智を得て居られたのはこの地球上では釈尊唯御一人であらせられたとの事でございます。弁栄聖者は御自分の事は仰言いませんでしたが、或る時笹本上人に〈自分が釈迦の三昧、即ち三身四智の三昧に入神し得た時、自分と釈尊とを結ぶ線上にまた善導大師、法然上人の在ます事をはしなくも三昧直感した。〉と仰言ったそうでございますから、弁栄聖者も亦大乗仏陀釈迦の三昧に入神して居られたと想像されます。」とも書いておられます。

## 入の位の観念的一切智と認識的一切智

念覚支はかなり自在に見仏ができる境地でありますが、それでも「仏眼が開けても最初から、目覚めておる時にいつも御姿を見続けておることはできないものである。……慈悲の聖容を見奉りたいと念じなければ三身即一の報身の聖容を拝むことができない仏眼の境界を観念的一切智、慈悲の聖容を拝みたいと念じなくても、目覚めておる時には、肉眼でこの自然界を意識しておるのといつも同一時に仏眼で広義の報身（法身の中心である絶対自身で因果のない広義の報身仏。『注解』、七一頁）の一即一切の御姿を自由に見奉っておる仏眼の境界を認識的一切智といって区別しておられた。」（『注解』、五三八頁）入の位の満位が認識的一切智でありますが「今までにこの地上で認識的一切智を得ておられたのは釈尊お一人だ。自分は観念的一切智の状態だ。認識的一切智では釈尊に及ばない。と弁栄上人がいっておられました。」（『注解』、五三八頁）

「仏眼を実現して、自ら現じて自ら感ずる自受用の境界で、真実の自己である三身即一の報身仏の一即一切の妙色相好身を見奉る身となっても、物質的な肉の身心を持ってこの自然界に生存しておるために、目覚めておる時にはいつも常に報身の御姿を自由に見奉っておることは仏眼開けた当初からは実現不可能である。慈悲の聖容を見奉りたいと念じると、ある時間は慈悲の聖容を見奉ることができる。がいつも報身の御姿を見奉っておることができるようになりたいと念じて、大ミオヤを徹底的にお慕い申しておると、仏眼が次第に広く深く開けて、慈悲の聖容を見奉っておることができる時間も長くなってくる。そして円満な仏眼が開けると、慈悲の聖容を見奉りたいと念じなくても、目覚めておる時にはいつも自由に広義の報身仏の一即一切の御姿を見奉る自由を得る。弁栄上人は観念的一切智ではあるが、釈尊に次ぐ豊かな仏眼を実現して、この地上に人間として実在した釈尊が円満な仏眼、認識的一切智（肉眼が活動しておる時には、報身の御姿を見奉りたいと念ずる意識的活動を必要としないでいつも同一時に、仏眼の自受用の境界で広義の報身の御姿を自由に見奉っておられる一切智の境界。原注）を実現しておられた事実を明了に三昧認識せられた。弁栄上人ご自身のこの三昧体験の事実に基づいて、広義の報身論と修行の途中で信念の変更を要しないで認識的一切智を実現できる見仏論をお説きになった。終局の目的である円満な仏眼即ち認識的一切智によって円満に合一した広義の報身仏の絶対純粋円満な無対光の絶対的根源的現象態の核心によって、喚起位（難思光）、開発位（無称光）、体現位（超日月光）において実現すべき各過程における修行の目的と修行の方法が内的目的論的に統一せられておる。これが大ミオヤの事実を明白に述べたもので、実に弁栄上人の光明主義の立脚地である。法身の中心である絶対の報身の核心を最高最深の統一態とするのが光明主義である。」（『注解』、五三九〜五四〇頁）

## （8）念仏七覚支の補遺

### ㈠仏眼の境界

筑波山での聖者三昧発得の偈（前述）に続いて、『宗祖の皮髄』にも仏眼の境界を示す重要な文章があります。まず弁栄聖者の原文（「霊験の種々なる方面」より）を拝読し、次いで笹本戒浄上人の読み解きをうけたまわります。

「自性は十方法界を包めども中心に儼臨し玉う霊的人格の威神と慈愛とを仰ぐもあり。真空に偏せず妙有に執せず、中道に在りて円かに照らす智慧の光と慈愛の熱とありて、真善微妙の霊天地に神《たましい》を栖し遊ばすは、是れ大乗仏陀釈迦の三昧、又我宗祖の入神の処なりとす。冀《こいねがわ》くは識神《こころ》を浄域に遊ばしむることを期せよ。」(『宗祖の皮髄』、一〇一頁)

笹本戒浄上人の解説

「これは実に仏眼の境界でありまして、そこが私共の理想の境界であります。慧眼という眼が開けると了々たる大我であります。宇宙が大我となってまいります。しかしその大我はまさしく我といわれるところはありません。無一物であります。もう空間を超越し、時間を超越している本来無一物、本来無東西、けれども法眼の世界と申しますと、先程も申しました通り、五妙境界、色彩の世界、音声の世界、味わいの世界、香りの境、触の世界を直感する眼《まなこ》であります。

如来様の御光の中に日暮しできるようになりますと、慧眼、法眼がだんだん如来様のお蔭で発達してくる。けれども、初めは時を異にして現れる。だんだん融合して仏眼の世界が開けてくる。その仏眼の世界をここに少し詳しく書いてお話し申し上げとうございます。……

〈自性は十方法界を包めども〉ということは、十方とは大宇宙でございます。自性は大宇宙を包むとは、どこもかしこも我ならざるところはない、慧眼が開けて宇宙が自己となってくる。すなわち大我が自己となってくる。どことして自己ならざるはなく我ならざるはない。我は大宇宙を包んでおるが、

〈中心に儼臨し玉う霊的人格の〉その大宇宙の中心に、私共の真正面に心霊界の太陽となって下さる霊的人格の、万徳円満の霊格が儼臨したまう。

〈霊的人格の威神と慈愛〉とは、如来様の威神の御力は私共、如来の聖旨《みむね》に叶わないところを、どしどし如来様の聖旨に叶うように化して下さいます。太陽の化学線が渋柿の実質に入って化学変化をおこして、甘干しとして結構な味わいのものになるというように、如来様の威神の御力は、私共の心の中にお入り下さいまして、意志の方面をお照らし下さいます。御自身の御心に叶わない一切のところを悉く御心に叶うようにして下さいます。悟りという世界と申しますと、大宇宙を尽くして我、自己である。しかしその大宇宙の中心、自己の真正面に霊的人格在《ま》しまして、その霊的人格の尊い御力とお慈悲を頂いておる境界である。それは、

〈真空に偏せず〉。偏するというのは、自性は十方を包む、けれども真空に偏するものは声聞縁覚でありまして、ハッキリ目覚めただけで一物も認めず、気の毒な人をも認めない。少しも衆生済度ということもやらない。自己の向上の道もやらない。もう一物も認めないから、もう如来も認めない。真空に偏しておりますと本来無一物、本来無東西だけになっておる。そうすると度すべき衆生も、仰がるべき如来も認めない。始末におえないところであります。無間地

獄に落ちた方がよほどましだと、昔から聖人方が言っておられます。〈妙有に執せず〉。妙有に執するのは私共の普通の生活でございます。私共は無一物の処を認めることのできない担板漢（ものの一面しか見えない人）であります。ところが妙有にも執しないのでありますから、担板漢ではありません。〈中道〉であります。

〈智慧の光〉と申しますと大円鏡智、平等性智、妙観察智、成所作智であります。ただ差別の世界だと担板漢であります。これは慧眼、法眼、仏眼、悉く具わったところであります。〈円かに照す智慧の光と慈愛の熱とありて〉とは、一切衆生を本当に自分の兄弟と見、一切衆生の喜びの少ないことを悲しんで、ぜひともすべての苦痛を他人事とせず、ぜひともこの苦痛を除かなければやむにやまれない燃ゆるがごとき慈悲心に、すなわちどうともして自分の喜びを人に頒かとうという燃ゆるがごとき慈悲心に満たされてくる。〈智慧の光〉というところは、気の毒と思ってもその人を救うところの実力が具わらなければ、慈愛を実現することができません。それを実現する力が〈智慧の光〉であります。そして〈真〉であり、〈善〉であり、〈美〉であります。真実でありますから、我々の哲学的情操を満足する。善でありますから、我々の倫理的情操を満足する。美でありますから、我々の美的情操は満足されます。

かく弁栄上人様はお示し置き下さいました。もう大乗仏陀釈尊以上の仏はありません。そうですな。究竟成仏の方《かた》は釈尊であります。これがとりもなおさず大乗仏陀釈迦の三昧であるとおっしゃって下さいました。ですからここが得られなければ仏道修行は、究極の満足を得るということはできない。ここを理想としなければ如来の世嗣《よつぎ》となることができない。これが我々の理想でなければならない。弁栄上人様は、明治十五年には豊かにこの状態におなりになりました。まずお達しになり、そしてその喜びを私共にお頒かち下さるために、長い間御説法下さいました。私共にできない相談を、弁栄上人様は強いられたのではない。御自身、如来となって、私共すべてが如来の子であるから努力すれば如来になることができる、すべて御自分と同じように皆如来の世嗣となることができるということをお見抜きなすって、私共にこの理想をお話下すったわけであります。」（『笹本戒浄上人全集』上巻、五八二～五八五頁）

## (二)入の位の内容

「この入の位、すなわち三身四智の仏眼、無生法忍の自受用の境界は次の通りである。

自性身の中心である絶対の報身と合一した自受用の仏眼で、法身の粋である報身の自受用身が一切の相対因縁因果を絶し一切の差別の相を離れた絶対無規定の妙色荘厳で、十界事具のあらゆる差別の相を発現し、生死に即して涅槃を現じ、自中の衆生を光明摂化する絶対的根源的現象態ということができる事実を明瞭に三昧体験する。

即ち自然界と心霊界の一切の現象、この中には自分の肉の体と小我の意識をも含んで、法身の中心である絶対の報身即真実の自己の依自起性として明瞭に三昧体験する。即ち入の位、三身四智の仏眼とは、法身の粋である三身即一の広義の報身仏（既述の通り法身の中心である絶対自身で因果のない広義の報身仏。『注解』、七一頁）が究極的な真実在者、絶対自身で因果のない最尊唯一の絶対無制約者即真実の自己で、自性清浄、有余、無余、無住処の四涅槃の全面において、広義の報身の本より純粋円満な無量光より超日月光に至る十二の光明、その絶対同時の二方面であるところの、共に絶対能動的な絶対理性と絶対感性、十二の光明の顕現である無限の変化極まりない相好光明大霊力が絶対無規定円成実性で不生不成無作無為の真実在である事実を明了に三昧体験する境界である。

報身の妙色相好身とその大智慧大慈悲は、自性清浄有余無余無住処の四涅槃の全面を通じて、法身の中心である報身が法身の最深の内容即ち法身の絶対無規定円成実性の差別の内容として本より絶対円満に持っておられる事実を明了に三昧体験できるのは入の位の仏眼、無生法忍、事の無量光の境界である。この意味で、開示悟の各位の仏眼では、報身の御姿を次第に高く深く見奉る、その大智慧大慈悲と次第に広く深く合一する。

三身四智十力四無畏十八不共法等の内証の功徳と相好光明説法利生等の外用の功徳の一切が法身の粋といわれる絶対無規定円成実性の差別の内容である事実を明了に三昧体験できる身となるのは入の位の仏眼の境界に入った以後のことである。」（『注解』、九八〜九九頁）

この最後の一文は法然上人の「名号は万徳の帰するところ」の真義、すなわち念声是一、名体不離の念仏は憶念念仏の極みたる入の位の仏眼のときに実現しているという事実を示唆しているといえるでしょう。

## ㈢ミオヤのお世嗣とは

ミオヤのお世嗣とはこのような入の位に入って初めて厳密な意味で大ミオヤのお世嗣ということができるのです。超日月光を被っての境界、度我に活きる境界がお世嗣の意義であります。「歓喜光」に「すでに阿弥の中たる自己たることを意識して主我亡じたるも、それのみにしては未だ阿弥の中に活動するに非ざれば未だ更生したる聖子にあらず。」の文があります。(『炎清歓智不』、八七頁)これについて以下のようなご説明があります。

「大宇宙の一切の現象を大ミオヤ即真我の依自起性として三昧体験するには、三身四智の仏眼で法身の粋である絶対の報身が自然界と心霊界の一切の根本仏である事実を三昧体験しなければならぬ。……かくして初めて、阿弥即真実の自己として活動する更生したる聖子、ミオヤのお世嗣ということができる。以上が光明主義の最も厳重な立場である。

浅くとも法身の中心である絶対の報身の光明摂化を被る身となれば、ミオヤの御子ということができて、分相応にミオヤの御子として活動するといえる。がしかし最も厳重な意味では〈三身四智の仏眼を実現して初めて阿弥の中に活動するミオヤのお世嗣ということができる〉というのが釈尊・弁栄上人の真精神のご教示である。〈阿弥の中たる自己たることを意識して主我亡じたるも〉とは慧眼の本来無一物の境界ではなく、仏眼開けて理想的啓示により法身全体と合一した境界である。この御教えは〈仏眼開けて、自分の念に応じて報身の御姿を見奉ることができるようになった後に、理想的啓示により法身全体と合一して、すでに阿弥の中たる自己たることを意識して主我亡じたるも、それのみでは中心点、核心、尊いもの価値あり意義深く有効適切なもの、ばかりに三昧の心と肉の心が活動する状態になっておらないから未だ更生したる聖子ではない〉との意味である。換言すると次のようにいえる。

理想的啓示により法身の理法と合一した悟の位の仏眼の自受用の境界では、一切の現象の本体の法身の無差別平等無相無色の形式の面、ミオヤの大智慧大慈悲の無差別平等無相無色の心光の面でミオヤが絶対無規定円成実性の根本仏に在ます事実をいちおう三昧体験する。(しかし)絶対の報身が体大法身の中心で、報身の自受用身は能動的内的目的論的に相対的変化をする無限の変化極まりない無量無数の一即一切の妙色相好身であると同時に、一切の迷悟生仏の仮名を絶しあらゆる差別の相を離れた絶対無規定円成実性の色相である事実をしかと三昧体験するところまでは進んでおらない。絶対の報身の体相用の一面である体大無量光、法身が絶対無規定不生不成無作無為である事実を三昧体験できた仏眼の境界であるから未だ尊くはない。更に進んで、絶対の報身が法身の中心で、その三身四智十力四無畏十八不共法等の内証の功徳と相好光明説法利生等の外用の功徳が、絶対の報身がその体大法身の最深の内容、法身の粋として本来円満に持っておられる絶対無規定円成実性不生不成無作無為の差別の内容である事実をしかと三昧体験する身となる。すると絶対の報身即真実の自己の依自起性として大宇宙の一切を経験する身となるから、阿弥の中に活動する三身四智のミオヤのお世嗣ということができ

る。」（『注解』、五〇二～五〇四頁）

まことに難解ですが、要するに仏と仏との世界は通常の言語によっては表現至難ということでしょうか。懇切丁寧な修飾語・限定語を一応横に置いて文章を追っていきますと骨格が見えてくると思います。

「仏の成就したまえる所は、第一希有難解《なんげ》の法なり。ただ仏と仏と、いまし能《よ》く諸法の実相を究《く》尽《じん》したまえばなり」と（『法華経』方便品第二）。諸法の実相とはいわゆる十如是のことで、この諸法の実相を究尽するものはただ仏と仏と（唯仏与仏《ゆいぶつよぶつ》）である、との一段を想起せざるをえないわけです。

なお、七覚支については貴重かつ有益な学術論文が出ています。大正大学元教授・大南龍昇上人のご研究です。七覚支には永い歴史と伝統があり、弁栄聖者の所説はご自証からの帰納であることはもとより、そうした歴史を踏まえ、かつ、三十七道品全体を視野にそれと一体のものとして再構築されたものであることがよくわかるのであります。論文は「七覚支説の変遷」（『浄土宗学研究』第一八号所収、平成四年）のほか、それに先行する「見仏――その起源と展開」（『大正大学研究紀要』第六三輯所収、昭和五二年）という論考もあり、これも大変貴重なご研究であります。

## 七　笹本戒浄上人による総括

「大谷仙界上人へのお慈悲の便り」をめぐっては、先に「第三章　般舟三昧の実践」で取りあげましたが、笹本戒浄上人による貴重な解説文のあることがわかりました。橋爪勇哲著『妙好人荒巻くめ女』の巻末に付された一文で、しかも田中木叉上人の跋と紹介文が付されています。ある時、聖者のこのご法語を光明園にて講題としましたところ、そのことを伝え聞かれたY氏よりご指摘をうけました。光明主義の教えに初めて接した平成一五年から間もなくの頃、荒巻女史（一八五四〜一九二五）の本は手に入れておそらく一読していた筈ですが、Y氏のご指摘をいただくまで思い出さずにいたものです。あらためて謝意を表しますとともに、ここに謹んで田中木叉上人の「巻末に添えて」の文と共に転載させていただきます。

「巻末に添えて　　　　　　　　　田中木叉

極楽のはなのようなる雪がふる
　雪をながめて申す日もあり
わが庵はたたみ一じょう千じょうじき
　となりきんじょはぼさつばかりぢゃ
　　　　　　　　　　　　　　　　　　　―荒巻くめさん―

弁栄聖者の御済度をいただいた妙好人が全国に多い中に、口では法を説かずに、御つき合いの方々を念仏にみちびかれた報恩行のありがたい荒巻さんの御縁によって、また作仏度生にいそしまれた百田さん始め多くのお方々や、更にまた上人方が物語られた荒巻さんの数々の御逸話が本になって、ここにきよきみくにで、分身利物《ぶんしんりもつ》（物とは人のこと）し給う今は観音さまと同じ〈虚無之身、無極之体〉（極楽の人々が受ける身、涅槃無極の理に達した体）の霊体である荒巻さんの、末代かけての〈たかきみちびき〉を感謝し奉り、またこの本の著者の御苦労をありがたく感謝し奉ります。

うぶに信じ至誠に念じたナムアミダブツだけで、心のまなこを、大慈大悲の大み力で開示していただき、法眼慧眼の「花ふる」さとも十方皆空の「千じよじき」（千畳敷）の真如の空も、日常念仏の心境に、恋しなつかしの大御親さまから御みちびき入れていただいた荒巻さんの、事実の一部分を伝えるこの本を、本として読むではなく、御みちしるべとして、吾々も念仏精進したいものでございます。荒巻さんのみあとをしたい、現身を通して未来永遠に、如来大悲の光明を、マザマザと、いただきたいものでございます。

荒巻さんが帰依して居られまた荒巻さんを時々御たずね寄り下された大谷仙界上人に賜わりたる聖者の御慈悲のたよりの一節を、笹本上人が解説して下されたものを以下にかかげて、念仏無上道を向上するエスカレータにしていただきます。」

以上が田中木叉上人のご紹介の一文です。次に大谷仙界上人へのお便りと笹本戒浄上人のご解説を掲載します。

## 弁栄聖者御慈悲のたよりに宜《のたまわ》く

「すべてを大ミオヤに御任せ申上げて常に大ミオヤを念じ、大ミオヤはいつも離れずあなたの真正面に在まして慈悲の面を向けて母の子を思うごとくましますす。あなたは其のみをおもうて専らにしてまた専らなる時は、だんだんと心が統一できて、あなたの心はみだの御慈悲の面にうつり、御慈悲の面はあなたの心にうつり、而するとそれがだんだん深く入るに随いてあなたの心はなくなりて、唯のこる処は御慈悲の如来さまばかりと成り候」

## 笹本戒浄上人解説

「如来様は決して相形《すがた》ばかりの御方では御座いません。生きて居らっしゃいます。大慈悲の御方であらせられます。実に遺瀬《やるせ》ない親心を以て、どうかして永遠の生命と常恒の平和を与えてやり度い、四苦八苦に悩まされず、八風に動じられず（人の心を動揺させる八種の幸不幸の状態、すなわち利、衰、毀、誉、称、譏、苦、楽の八種に動じられず）、餓鬼や畜生や天狗にならず、その他幽霊にならず、どうかして仏としてやり度い、如来の心を心として働ける完全な人格にしてやり度いと、慈悲の眦《まなじり》を御注ぎ遊ばされて尊い御光明を以て照して居て下さいます。

ですから私どもは、すべてを大ミオヤに御任せ申し上げて常に如来様を御慕い申して南無阿弥陀仏南無阿弥陀仏と御念仏申して居りますと、如来は何時も離れずに私共の真正面に在《まし》して慈悲の聖容《みかお》を向けてちょうど母が子を念《おも》う様に、アノ慈悲の眼を以て母が子供に乳房を含ませて居る時の姿はどうでしょうか。もう可愛くてたまらない。眼の中に入れても痛くないと言う様にして手塩に掛けて育てて下さいます。その事は如来様が私どもを御育て下さる時も同様であります。如来様が私どもを念って下さること、母親が子を念うが様であると譬喩《ひゆ》を以て形容して言って居るのでは断じてありません。事実、如来様は私どもの根本の本元の真実の大御親《おおみおや》であらせられます。

その生きた大慈悲の如来様がこの通り、〈自分の心本尊と御定め申した三昧仏様の通り〉の人格的の知慧と慈悲との御姿を以て、見不見にかかわらず真正面に在しますと思って――それが事実ですからそう信じて、南無阿弥陀仏南無阿弥陀仏と申します。一心に南無阿弥陀仏南無阿弥陀仏と申す声は如来様の大慈悲の御胸に響いて、慈悲の眦《まなじり》を御注ぎ遊ばされてみそなわして居て下さると思って、如来様を御念じ申し御慕い申す心に成りきる。そして口に南無阿弥陀仏南無阿弥陀仏と申す。心に如来様を御念じ申し御慕い申すという事が最も大切な事となりますが、（これが）光明主義の三昧の念仏であります。一日に二十分、三十分、或は一時間ないし三時間という風に御念仏いたします。生きた如来様が慈悲の聖容《みかお》を向けて、母の子を念う如く在ます事をいやしくも御忘れ申さない。未だ御遇い申す事出来ませんでも、きっと御遇い申す事出来る様になります。けれども、凡夫の情なさに、色んな他の事を思う事があります。その時、生きた如来様を念う心に成りきる様に成りきる様に努める事が大切であります。またしても他の事が黒雲の群がり起こる様に起って参ります。それを根気よく、生きた如来様を念う心に成りきる様に成りきる様に努力致します。そこのところを弁栄聖者は〈あなたはそれのみをおもうて専らにして、また専らなる時は〉と御示し下さいました。

かくして如来様を御念じ申す心――その御念仏の心が本当に一心に成って参ります。すなわち統一されて参ります。すると、昔と違った心の状態に成ります。その時が、すなわち如来様の中に居らせて頂く様に成った所であります。すなわち、心の眼が開けて広い広い大光明の中に居らせて頂く様になる。其の時は何とも言えない朗らかな冴々《さえざえ》とした清々《すがすが》しさ、有難さ、忝《かたじけ》なさに充ち満たされ、心広く躰胖《たいゆたか》にならして頂けます。そこは広い広い大光明の中に出させて頂いた所――それが更生の天地、すなわち光明の生活と申します。かく、御念仏の心が統一すると心に御光明が頂けます。心の波風が立ち騒いで居る時は空の月影は宿りません。一心に如来様を御念じ申して御念仏する心が統一されて、一心に如来様を御念い申し上げる様に成ると無念無想と成ります。その時御光明が頂けます。

しかし光明の生活が獲得《ぎゃくとく》されたと申しましても、初めから完全になるというのではありません。初めの中《うち》は三日月程しか御光明が頂けないが、尚一心に進む時は、益々如来様の御育てを蒙って、如来様の慈悲の聖容《みかお》を見奉る事出来る様に成って来る。是非とも早くそう成らして頂き度いと如来様を徹底的に御慕い申し何時も何時も如来様の慈悲の聖容を御忘れ申さず、御念じ申し常に真正面に慈悲の聖容を見奉って御霊育を蒙る様に骨身を削って努めに努めます。そして何時も何時も其の慈悲の聖容を更にハッキリと更に大きく御念い上げる様に、常に常に慈悲の聖容を更に大きく大きく見奉る様に苦心に苦心を重ねますと、尊い御光を以て私共の心を御照し下され、清々しい朗らかな何んとも言えない、浄らかな心とならして頂けます。そして実にもう、平和と歓喜に充ち満たされて来る。この様に一心に御念仏して心が浄化されると、如来様の慈悲の聖容を見奉ることが出来る様に成って来る。心霊界の太陽であらせられる万徳円満の親様に御逢い申す事が出来る様に成って参ります。かくして私どもの信仰が進むにつれて如来様は限りなく美しく大きく御現れになって下さいます。

それで、弁栄聖者は〈私どもの心が如来様の御慈悲の聖容《みかお》にうつり、如来様の御慈悲の聖容が私ども心にうつる様になる。こうなると、それが段々深く入るに従って自分の心はなくなってしまい、ただ残るところは御慈悲の如来様ばかりとなってしまい、霊感極りなきに至る〉旨を御手紙に御教え下すったのであります。かくして更に進んでは、その御慈悲の如来様は更に更に大きく御現れ下され、遂にそれも無くなってしまう。そこは本来無一物《ほんらいむいちもつ》、本来無東西、大宇宙を貫く大我に了々と自覚させて頂いた処。尚も一心に御念仏いたしますと、その真実の自己の中に再び大慈悲の聖容を見奉る様になり、段々尊い御心を御示し下すって御自身の財産を御譲り下さいます。そういう風にして遂に如来様の御世嗣《およつぎ》といわれるべき人格を完成さして下さる、と弁栄聖者は御教え下さいました。

この様に、生きた如来様を御慕い申し、人格完成を目的として常に慈悲の聖容を御念い申し上げる様に、更にハッキリと大きく御念い申し上げる様に努める事が大切であります。かくして神人合一の念仏三昧が成就する。ハッキリと慈悲の聖容を拝める様に成ると、段々と大慈悲の御心を御示し下さいます。するとそれを我がものとして応用する事出来る様に成ります。此の間に慧眼、法眼、仏眼という眼を開かして頂きます。大宇宙を貫く真実の自己にハッキリ自覚させて頂いた処は本来無一物、本来無東西であり、それを見る眼は慧眼であります。法眼によって大慈悲の聖容を拝まして頂きます。初めは法眼、次に慧眼と法眼が時を異にして現れるが、段々如来様の御蔭で発達して来る。遂に融合して現れる様になった所は仏眼であります。仏眼によって米粒の中にも大宇宙を見ます。しかし、米粒が大きくなった訳でもなければ大宇宙が小さくなった訳でもない。それは実にまた観音様の三十三身の分身利物の御済度の力であります。弁栄聖者はこの仏眼を豊かに備えて居らっしゃいました。故に、私どもは現在の釈尊として恭敬《くぎょう》し鑽仰《さんこう》して居ります。時は古く二千五百年前、御釈迦様と言う方に御面会申したとしたら、弁栄聖者の通りの御方であったろうと確信して居ります。釈尊も、事実弁栄聖者と同じ御方であったろうと確信して居ります。しかし、弁栄聖者みずから名乗って〈わたしは仏だ〉と仰言った事は一度もありませんが、私どもを済度して下さいました御実力は正《まさ》しく釈尊と同じでであります。如来様の直々の御説法とも頂戴している所のその弁栄聖者が〈生きて居る間に光明の生活を得よ、生きて居る間に如来様にお遇い申せ〉と力説して下さいました。

アノ、モウ生きて居らっしゃる如来様の慈悲の聖容《みかお》を見奉る事の出来た所は、確かに永遠の生命が心に頂けた時で、こうして御互いが生きて居る間に如来様の聖意《みむね》を我が意《こころ》とし、益々完全に働く事が出来る様に成らして頂く事を理想とせよ、と御勧め下され、かく、その理想実現の法を御教え下すった訳であります。」

（橋爪勇哲『妙好人荒巻くめ女』、二二二～二二九頁。ただし読み易さを願って漢字遣いや仮名遣いの表記を一部あらため、また、（　）内に語注を入れました。）

## 笹本戒浄上人略伝

弁栄聖者ご遷化の後、光明主義・円具教の起行の用心、すなわち念仏実修の要諦を、最も精力的に指導・督励、宗趣宣揚に一向邁進せられたのは余人ならず笹本戒浄上人その人にほかなりません。憶念念仏によって開かれていく弥陀合一の神秘の境界を解き明かすについても同様であります。微に入り細を穿つ懇切かつ綿密を極めたご指導でありました。その貴重なご法話の数々はさいわい克明な聴聞記録に編集保存され、『笹本戒浄上人全集』全三巻として、また上人の伝記的な諸文章も同別巻にまとめられ、結実しています（「光明会本部聖堂」刊、昭和五六年～同六二年）。

今、笹本戒浄上人の高弟の一人、杉田善孝上人による格調高き略伝をここに抄記する所以であります。

「……我が師父仏陀禅那弁栄聖者、本地の慧光を包みて此の土に出興し、信仰特に多難なる現代の衆生《こら》の為に円具光明の真諦を明し弥陀覚王の元意を開顕し給う。……然りと雖も法は独り弘まらず、伝弘《でんぐ》人を得ざれば大法は泯滅《みんめつ》せん。今此に弥陀円具光明の三昧を秘鍵《ひけん》余す所なく人を得て、二祖笹本戒浄上人に師資相承《そうじょう》せらる。

上人は明治七年一月十四日、東京浅草の河田米次郎氏三男として呱々《ここ》の声を挙げ給う。天資聡明頴悟《えいご》の聞え高く、八歳の時鎌倉大仏殿の樹下《じゅげ》信戒師養子にと懇請せられし処、其の夜夢に浄土の宮殿を拝して童心大に動き、遂に発心して得度し給う。……十六歳の時生死輪廻論に心を潜めし窓には仏教唯心の理を基底となすべきを痛感し給う。然れども、仏教内典の現代的研討科学哲学の研究は其の信仰を根底より動揺せしめ、暗黒の中に懊悩の日を送り給う事十有一年、其の間瑜伽論等聖教の披閲数百回に及び攻学苦修、然も終始一貫着々事実を観察する態度を以て真実の自己を思量し頭髪脱落する程なりしも、遂に時代の悩み唯物論を粉砕し人類の苦、悪知無明を超えて永遠不滅の法身大我に覚《めざ》め給う。

道業群を抜き明治三十一年浄土宗学高等正科（今の大正大学の前々身）終了後は選ばれて内地留学生として金沢第四高等学校に進み（明治三十二年）、弊衣弊服構う所なく簡素窮乏の中に切磋年を累《かさ》ね、東京帝大に進みては心理学を専攻造詣日に深く、輓近学理《ばんきんがくり》を竪《たて》とし平素見聞悟得の内証を横とし唯識頼耶《らや》の仏教心理の玄底を叩き、師弟研磨却って恩師元良《もとら》博士に講ずる所あり。……唯識三性の教観、十玄六相の妙旨は研鑽愈々精を尽して鏡を懸け、慧眼定益々清徹にして深遠なり。

　大正三年一月三昧発得の兄弟子宮本契善《かいぜん》師の勧めに従い、……師父聖者に相見し弥陀円具の玄談を聞くや即ち讃じて曰く弁栄聖者は実に現代の釈尊なりと。立地《たちどころ》に真如の実地認識に関する博士論文を抛《なげう》って光明行禅人となり鞠躬如《きくきゅうじょ》として生身《しょうじん》の仏に対するが如し。名聞利養を顧みず勇猛《ゆみょう》不退の称念、清旦《しょうたん》入定懈《おこた》る所なく、爾来親しく函丈《かんじょう》に侍しては（師弟の分を弁えつつも）瀉瓶《しゃびょう》遺《のこ》す事なく師父聖者の嫡統を紹《つ》ぎ、絶対自身の弥陀、依正三昧の床《ゆか》に現じては豊かに斯《この》教の秘奥を悟り得て憶念見仏の正宗を伝持し給う。

　大正九年聖者御入滅後は推されて総監の職席を襲い、既成宗門圧迫の嵐に抗して挺身円具の法城を厳護《ごんご》し給う。董寺慶運精舎寺務繁忙暇なきに東西に星馳《せいち》して法座暖なるに暇《いとま》なく、柔軟謙譲の儀表心霊の花馥郁として到る処浄きが如く、清浄如法の行持八面玲瓏として日光の宝石に映ずるが如く、威耀高朗の中に慈音の提撕《ていぜい》（提唱）光明主義の真髄を説きて止まず。三昧入神の慧、一向専修の行業、其の悲智の温容に触るる者欣然永生《ようしょう》楽果の直線道に進趣す。……仮令《たとい》異端の邪義起りて真偽紛淆、金鍮《きんちゅう》判じ難き事ありとも皆其の紫朱を弁ずる事を得て見仏往生の宗趣毫も謬《あやま》る事なし。

　正宗弥々興り法灯益々明かに大衆斉《ひと》しく帰依して三昧念仏の隆興洋々として都鄙《とひ》に遍《あまね》かりしに、何《いずくん》ぞ図らん、本部主催の三昧会を病躯炎暑の洛北古知谷に指導し、弥陀直流の光明主義中心道を懇ろに後昆（子孫）に遺托し給いし昭和十二年七月二十六日、化縁既に尽きてか横浜の自坊に帰り給いし其の夜、忽然として遷化し給う。嗚呼、万籟《ばんらい》為に寂として声なく唯神奈川の清流不滅に滅の梵音を揚《あ》ぐるのみ。……二祖戒浄上人の御生涯は、霊応内に充ち給う非凡の霊徳の現れに在ませば、捨身奉行の御聖躅《おんみあと》、誰か之を仰がざるものあらんや。師訓の精髄現身証得、誰か之を冀《こいねが》わざるものあらんや。」（杉田善孝上人筆。笹本戒浄上人述『真実の自己』所収より抄）

# 第五章　口伝これあり

念仏を実修していますと、いつしか真暗なトンネルに入ったり胸突き八丁の長い急勾配の坂道に喘ぐ思いになったりいたします。しかしここが我慢の為所《しどころ》と励まし、叱咤し手を引いてお導きくださるありがたい聖者や大先達の教えがあります。

## 一　弁栄聖者「念仏三昧こゝろの凧」

**念仏三昧こゝろの凧《たこ》**

「世の同朋衆《みなさん》よ。念仏三昧の行は三世の諸仏も悉くこの妙行に依って正覚《しょうがく》を成じなされたほどの最《い》とも尊い行法であります。この尊き妙行を修する時の神《こころ》の置所《すえどころ》を能く心得てお勤めなさるようにお勧め申します。

何事でもその妙所に達せんとするには先ず神《こころ》の入れ方が肝心であります。真の神の投込《はいら》ざる念仏では心霊に活くることが出来ませぬ。

しからばいかにせば念仏に神を入れることができるであろうとお問いなさるのでしょう。今愚衲《わたくし》は念仏三昧の神の入れ方について話そうと思うのであります。

南無と言うことは自己の全身全幅を阿弥陀仏に投帰没入《そっくりなげこみ》してしまうことであります。しからばどう云う風に投げ込んでしまうのであろう。阿弥陀仏のまします所さえどの方にましますかはしかと分かりもせぬものを、その如来の中にいかにして自己の神を投げ込めましょうと思うでしょうが、なるほど初めは如来はどこにましますか、しかと分らぬ如来の中に投げ込みようは無いと思うのは何人も然か思うのでありましょう。けれども如来は絶対的に尊く在まして何の処にも在まさざることなき霊体なれば、唯無上の尊敬心を以て、**アナタ**は今現に真正面に在ますものと信じて、霊名を呼び奉れば**大ミオヤ**の大慈悲の霊胸に響きて慈悲の眸を注ぎて我を見そなわし給うと思いたまえ。

又大悲の**ミオヤ**をお慕い申して一心に念じ奉るべきものであります。それでも初めはいかに聖名を呼びて念じ奉るも、その心の向うは唯真闇にて如来の実在するとも思われぬ程なれども、そは自己の業障が深重なるが故に業障の為に心神が闇いから心の向う所が闇いのであります。

けれども只一心に念仏して慈悲の御名を称えて至心不断なる時は、漸々に如来の慈光に育まれて心神が発達する故に神《こころ》の入れ方が自ずと分かって来る程に真面目に修しなされませ。

聖名を称うる時の心の投込み方を法然上人は道詠にてお洩しなされた。「**あみだ仏と心を西にうつせみのもぬけてはてたる声ぞ涼しき**」と。これがあみだ仏と神を弥陀の光明中に投込みたるしようにて、骸《からだ》は蝉のもぬけ殻《がら》のように知らず知らず無我無想と為る。

そうなれば身は娑婆に在りながら神は弥陀の中に逍遥するようになるのであります。

それでも又思いなさるのでしょう。生まれて以来まだ一度も瞻《おが》んだ事の無い如来をどうして想われましょうと。けれども確と見えねども、如来は実に在ますものであるから、唯仏陀の教を信じて現に在ますことを信じて念仏し給え。一心に念ずる真正面に在ます如来は、あなたの念ずる心を一々受けなされて在ます事があなたの心に響いて来る程に。

しかしながら口に阿弥陀仏と云いながら心は自己の胸中に在りて種々の雑念や様々の妄想に駆られて神がその中に紛らされてしもうて、口ばかりは御名であるが神は如来と一つに為っておらぬと、それでは真の念仏三昧ではありませぬ。

念仏三昧の心は正に如来の光明中に風のまにまに凧の如くに飛び騰《あが》るべきであります。

か様な話がある。英国のロンドンに或会社員の中に紛擾《さわぎ》が起った時に或名士の信仰談にて衆多の社員の紛擾が解けたとのことである。その大意はこうである。天に在ます神《かみ》は肉眼では見えぬ。その眼に視えぬ神の実に在ますや否やをいかにして分かるかと諸君は疑うのでありましょう。しかし眼に視えぬ神なれども至誠心に祈る時は、その心が確りと神様に貫徹して神意に触る故にそれが祈る人の心に確りと神の御答えが感じられます。至誠心なき祈は神様の聖旨に貫徹せぬ故に響がありませぬ。今喩を以て語らば諸君のご存知の如くこのロンドンは非常な濃厚な瓦斯気が折々かゝるのとそれにまた煙突の煙の甚しいので少しも天が見えませぬ。それにも拘らず季節になれば凧を揚て楽しんで居るものが沢山ありましょう。煙や瓦斯気の為に凧は見えぬけれども今日は凧が能く揚がったと云って悦んでおるではありませんか。凧が騰《あが》ったか落ちたか見えぬのに何《いか》にしてよく騰がっておることが判ると尋ねるならば答えに曰うのでしょう。君よ、凧は見えねども能く騰った時はその緒《いと》に確かと答がある。若し凧が墜落して了えば緒に答がない。との譬にて、至誠の祈は神に徹通して神の容るゝ処となるとの理を説いて衆人の紛擾を解いたとのことであります。

　今念仏心もそれと同じく、至誠心の念仏は一心に神《こころ》の凧が高く弥陀の中に騰るので、称名の凧のまにまに空高く騰る。大念は大仏に小念は小仏に一心の全部を悉く弥陀の中に投入して凧緒のあらん限りを尽して能く騰る時は、胸の笊《ざる》の中に残るべき余緒《あまりいと》がない。一心不乱に弥陀に没頭して了う時の心の緒はそれを曳て見ても堅く一杯に昂《あが》っておる。

　諸彦《みなさん》よ、一心に念仏する時神《こころ》の緒の有らん限りを弥陀の中に投入して了えば我胸中は妄想雑念の緒がなくなって自分はもぬけ殻と為って、神はみ空高く弥陀の中に騰って居ります。その時は無我の状態となります。念仏三昧のナムアミダ仏の凧に随って神の凧が力一杯に騰った心の状態を聖善導は「神《こころ》を騰《あげ》て踊躍して西方に入る」と讃してあります如くに、三昧中に歓喜踊躍して神は浄土に逍遥する相《すがた》となるのであります。

全く能く念仏三昧を修した方ならばその時の神の在る処が能く判ります。業障《ごっしょう》の瓦斯や煩悩障の煙にて自己の神が弥陀の中に合致した事は視えねども深く三昧に入て神が弥陀に合したる時は、胸に何とも言われぬ霊感の答がある。もし神が弥陀の中に騰らずして地に落ちたならば、折角の念仏中に只娑婆の雑念の為に紛《まぎら》わされて、貴重な時間と精力とを空しく費してしまうのは実に遺憾な次第ではありませぬか。神の凧が能く騰らず胸の笊の中に緒の残りある故に種々の心緒《こころ》が現われて様々の妄念雑念と為るのであります。心の在らん限り一杯に騰って心の緒が残りあらずば妄想雑念は自ずから薄らいで来る。而して神《こころ》の眼も漸々に開けて広い広い大光明中即ち如来の中に在るようになります。

諸君よ、念仏する時は神を一直線に高く高くみ天さやかなる弥陀の中に投込んでしまうことを能く修習し給え。称名の風に神《こころ》の凧は歓喜踊躍しながら飛び騰りて弥陀の中に入神してしまう時は、心の笊の中に心の緒を残さず妄念の跡を払って、三昧に入る時は身はこゝに在りながら神は浄土の人となるのであります。

いや高く心の凧はあがるなり　御名よぶ声の風のまにまに

月を見て　月に心のすむときは　月こそおのが姿なるらめ」（『無礙光』巻末、二四九頁～）

## 二　田中木叉上人「光明三昧」

田中木叉上人は光明会の恩人のお一人でありますが、上人を師と仰がれた吉松喜久造居士の追悼記に次のような一節があります。

「昭和四年の頃でしたが笹本戒浄上人が止宿先にお立寄りになってお帰りの際、途中までお見送り申し上げました私に、戒浄上人は〈今度、田中先生は仏眼が御開けになりました〉とおっしゃいました。今思えば釈尊、法然上人、弁栄上人等の大宗教家が心を栖《す》まし遊ばして居られる深い境地である。田中先生もお偉いが、その先生の御相談を受け、認知された笹本戒浄上人も亦仏眼の開けた大菩薩であったと御二方を尊く思いました」と。(『田中木叉上人遺文集』、五一二頁)

戒浄上人と木叉上人はいわば『法華経』にいう「唯仏与仏」の関係で共に「諸法の実相」に通じお互いに真実の境地を分り合う関係にあられたというほかはないのでしょう。

その田中木叉上人が篤実のお弟子に下された信仰指導の書簡があります。現代の口伝というも誤らずと思いますが、公開の書物(同、四一七～四二二頁)に載せられていますのでご紹介したいと思います。

## 「光明三昧」

原題は「信心を養う方法」でしたが、今は「光明三昧」と題される吉松喜久造居士宛の書簡です。同居士は久留米市の人、当時（大正一五年）早稲田大学在学中の二二歳、木叉上人は四二歳と伝わっています。

「生あるものは養わざれば死す。無限の生命に生くる信心は尚更養わざれば、否一日たりとも油断せば直ちに退転す。尊きものは困難なり。困難なる故に尊し。月桂冠は最後まで辛抱したるものの所有《もの》なれば辛抱こそ信心の背髄《せぼね》なれ。

世には信心とは有難き事、楽しきことと思い違いせるものあり、豈に図らんや辛抱なり。心力なり。忍力なり。有り難き事は栄養物につける味の如きものなり。有れば尚結構、又無とも結構なり。報酬は成就の上に在り。成就するまでは、或は苦しからん。されど、苦しみの多き程、成就の上の報酬は大なり。氷多きに水多し。行《ぎょう》、成就までの辛抱の有無《うむ》これこそ極楽と地獄との分水嶺なれ。感情は女性の信心の特徴、未来はお婆さんの信心の目的、縋《すが》る心の起こらぬ時は起こらぬままで念仏し、願心の起こらぬ時は、起こらぬ儘で念仏す。念仏に味わい無くば、無きままに念仏し、精神散乱せば、散乱するままに念仏す。要は峠を越す迄の話なり。峠を一つ越しさえすれば、そこは尽十方無碍《じんじっぽうむげ》の世界、如何なる辛抱にも報いて余りある真善美妙の花咲き乱れし法性常楽《ほっしょうじょうらく》の涅槃界《ねはんかい》。月天に照るに非ずして、満天これ月の真如《しんにょ》の都。

いざ帰らなん故郷へ、五尺の身体を吾と思い誤りて、満天満地に満ちたる真の我を知らず、五十年の命を、吾が命と思い違いして、宇宙と共に尽きぬ命こそ真の吾が命なることを思わず、錆《さび》つける刀の如き我が心を真の我心と感違いして、錆の取れたる切れ味こそ真の我が心なることを感ぜず。痛ましき迷いかな。

峠一つの嶮しさに、峠を越せし世界に出でずして、せわし、いそがしと世を過ごす。悲しきは凡夫の我等なるかな。借問《しゃくもん》す、我が信心に骨ありや否やと。骨とは如何。倦怠《けんたい》の心を支うる力なり。峠を越すまで持ち堪《こた》うる力なり。信心とはこの骨を核となす。意志の信心、これ大丈夫、道に志してまずあらたむべき小手調べ、念仏せんと思う心の起らざればこそ念仏するなり。徳川家康は戦争をしながらも一日幾万遍の念仏をなせりと云う。これ念仏したき間だけ、念仏したるに非ず。したくなかりし時も、声を砥石として念仏の心を磨きしなり。

理屈もなし感じもなし、唯盲目滅法の一心称名。要は峠を越すまでの辛抱。〈唯一向《こう》に念仏すべし。〉この一句、元祖大師、八十年間の自他修養の実験なり、結晶なり。実際上の指南なり。しかるに不思議にも、盲目滅法、称名持続さえして居れば、味が出る、有難くなる、楽しくなる、力強くなる、光明の中に心が出る。一心が光明の中に出さえすれば、そこに魂の夜は明ける。如来様の心の中の事実となる。光に照らし出されし悟《さとり》の世界が実現する。道の遠きを嘆げく心ももっとももながら、釈迦世尊すら六年間。苦労なくして何の発見、何の発明か成就せん。無限の光明と寿命とを、自己の心中に発見する念仏なれば、たやすくは、よもあるまじ。

世の中には思い出し思い出しの念仏位にて未来は極楽とキメ込んだ人、安心したる人多し。また、しか教うる人も宗旨も多けれども、かかる気休めの信心口調にゆめゆめ耳をかす可からず。苟《いやしく》も、念仏せんとする志の起りし程の人、殊に、骨の有る念仏者においては更なり。峠は高し、嶮し、されどされど越さねばならぬこの峠、死すとも止まぬ無量寿の旅。

幸《さいわい》なる哉《かな》。喜ばしき哉、尽十方に照り給う**大ミオヤ**は、吾等が身にも心にも光り繚乱《りょうらん》として照り満ち給いて、念の心に力となりて実現し給う。

「南無」と呼ぶ我が前に光明赫灼《かくしゃく》として、慈悲のみ顔にえみを湛《たた》えて「阿弥陀仏」と真向きに向わせ給う、これ事実なり。決して決して説明や噂に非ず。一声一声に、アナタは、慈悲のみ姿を示現《じげん》して念の奥より力を添え給う。活《い》ける如来は、寄り添い給いて一々の称名を受け入れ給えども、法眼《ほうげん》開けぬ間の眼こそ見えね、事実は事実なれば、この光明赫灼として念ずる人の真向《まむこ》うに現われ給うお慈悲のみ姿を、心に想い奉りて、その活《い》きてましますます如来様に物を言うばかりに、南無阿弥陀仏南無阿弥陀仏と申し奉るなり。決して決して独り事に非ざるなり。この内感の交渉こそ、信心のレールなり。

この軌道に名号を走らすれば容易に一心、如来に通う、これ、秘訣なり。み姿を念じて御名《みな》を唱《とな》うべし。瞑目《めいもく》してなお彷彿《ほうふつ》として、み姿が心に浮べられるよう、常に注意をとがらして尊像を拝み、心の種板に写真の如く焼き付け置くが肝要なり。念仏にアテがつくこと肝要なれば、み姿に現し給う御心なるを大切に思うべし。

吾が心に如来を思うその「吾が」の二字こそ迷なれ。宇宙遍満の如来様の身心は、吾が心の中にも勿論、満ち満ち給うことなれば、「吾が」心の「吾が」の二字が取るれば、そのまま如来心なり、如来の中の「吾が」心なり。吾が心に浮び出て下さる如来様は即ち、活ける真実の尽十方無礙光如来なり。ゆめゆめ軽々しく思う可からず。

口に称うる時も、称えざる時も〈この称えざる時が至極肝要なり〉常に吾が心の中に示現《じげん》し給う生ける真実の如来様なるお慈悲のみ姿を憶《おも》い奉るべし。これ極めて肝要なり。何をなしつつありても、心の奥の奥底には常に常に如来様を、如来様のみ姿を、人格的の如来様を、即ち霊応身《れいおうじん》の如来様をお迎え申して離《はな》すべからず。この工夫が仏道修行の捷径《しょうけい》なり。

「南無」と如来様のみ姿を心に打込んで、「阿弥陀仏」と如来様のお光明を、お慈悲を、み心を、吾が心に頂く。南無と打込んで阿弥陀仏と頂く、それを一声々々の度毎《たびごと》に南無と捧げて阿弥陀仏と頂く。一声毎に、心を取り直し、心を向け直しては、南無と捧げて阿弥陀仏と頂く。かく心が私と如来様を巡環《じゅんかん》してそれを放任せずに、一声々々に心を如来様に通わして巡環させる間に、久遠劫来《くおんごうらい》片時も忘れさせ給う暇《ひま》とてはなく、唯迷える我等の闇の心に光を差込み救い下さる一念に燃え立ち給う**大ミオヤ**は、やるせなきお慈悲のみ姿を以て初心の内は、眼にこそ見えね、心にこそ感ぜね、必ず吾が心の中に照りこみ給う。この大智慧、大慈悲の光明、わが心に照りこみ給う。その光明を発見し、感得し、獲得し、化合し、経験す。これいわゆる修行の峠なり。この峠さえ越さば、如来様の光明は吾が心の中の事実として南無阿弥陀仏の中に発見し得るが故に、そこに到っては、やめんとすれども止められず〈われ死刑に処せられるともこの念仏いわずばあるべからず〉と称名相続され、この体の五十年の命より、如来の光明に照らし出されし吾が無量寿の尽きぬ命が尊くなり、益々勇ましく嬉しく楽しく強く、お慈悲の光の燃えつける心を奮起して、万般の世事を決断勇進するに至る。これ皆、光明の恩寵なり。

　願わくば、心を活ける**大御親**様に捧げては、その殻になりし心にお慈悲を頂く。かくして巡環せる心は何時しか、ピッタリと如来様のみ姿にひっついて動かず、鉄の磁石に吸い付けられしが如し。かくなれば、実に実に有り難しとも有難し。この要領にて進めども、心一つに定まらざるが常なり。されど、こゝぞ、大事の分水嶺なり。辛抱の仕所なり。迷いと悟り、闇黒と光明の分岐点なり、長いトンネルと思いて唯一心に、如来様を仰ぎ頼めば〈汝一心正念に来れ、我汝を護らん〉との仏勅《ぶっちょく》違《たが》うことなく、望む彼岸に達すべし。唯平生に心の中に慈悲の如来様をお迎え申して憶い奉ることこそ大事なれ。念仏する心起らざればこそ念仏すべし。辛抱大事。如来様は必ず必ず悩む仏子の悩みを見捨て下さらじ。

南無阿弥陀仏　南無阿弥陀仏　　木叉　合掌」

# 結び

## 一　無礙光の位置付け再説

これまで学んできました三昧発得への道程は、畢竟、如来**大ミオヤ**の恩寵にほかなりません。それは無礙光、「霊徳不思議の力にて　衆生を解脱し自由とす」る如来の用大として受けとめるべく、体大の無量光、相大の無辺光と一体をなすおはたらきです。無礙光のことは前出姉妹書において要点は紹介しましたが、如来の三徳（神聖、正義、恩寵）や三縁慈（無縁慈、法縁慈、衆生慈）などを通じて、「衆生摂化総合指揮所」としておはたらきくださるのです。いまその点に鑑みるとき、もう少し具体的に再説しておきたいと思います。

## （1）「後九の光明」に開かれる無礙光

宗教は如来という客体と衆生である主体が呼応する関係にありますが、十二光はその主客二段に大きく対応しているように思えます。客体としての如来については無量寿仏と無量光仏によって如来の独尊、本有無作《ほんぬむさ》の本仏としての「体大」が表わされ、それはまた無辺光という「相大」によって四智に開かれ、智なるが故の大慈大悲が恩寵として無礙光に集約され、衆生に対する「用大《ゆうだい》」となってはたらきかけてくださるわけです。ここで体大などと大をつけていますのは如来のそれが広大無辺であることを表わすためです。無量寿仏と一体になった無量光仏、その相用としての無辺光仏、無礙光仏の三光はいわば「前三の光明」とでもいえるでしょう。これら前三の光明は、「礼拝儀」の讃頌においても客体たる如来そのものを主格として語られています。

この後に続く九つの光明、「後九の光明」は宗教上の主体たる衆生が如来の光明を受けて、宗教的に、信仰の上で、どのように変わっていくかの説明であります。「用大」の無礙光のおはたらきが、その後に続く九つの光明に開かれていくと考えられます。グループに括れば三つになると思います。

第一のグループは「行儀門」とか「修行信心分」と称されるものです。すなわち、五根五力で前方便《まえ》をつとめさせる難思光、七覚支の階梯を進ませる無称光、こういう道筋をへて衆生の修行信心を聖き心によみがえらせ（作仏、救我《くが》）、超日月光が聖き心の衆生に利他、度生の実践すなわち度我《どが》のはたらきをなさしめて、これがそのまま聖き世嗣《きよよつ》ぎにまでお育てくださるということになります。この修行のスタートとなるものは意志を霊化し作仏度生の願を発《おこ》させる不断光であります。

第二のグループはこの不断光を含む四つの光明で、いわゆる「光化《こうけ》の心相」を実現するグループです。このグループは主として人の生きている有余の間のお救い――人格の向上――にかかわるものです。感覚を清浄化する清浄光、感情を清らかにする歓喜光、仏知見を開・示・悟・入に啓示する智慧光、意志を霊化せしめる不断光の四つで、「光化心相分」と呼んでおります。四つ目の不断光は上述のように発菩提心の光明で、具体的にはさらに第一の「行儀門」の三つに開かれていきます。この四つの光明については三縁の増上縁との関わりがさきに説明されておりました。そしてこれら四光は次ぎの第三グループとも密接に関連し、かくしてそれぞれの光明は一連一体のものとなるのであります。

第三のグループは無対光と炎王光で、第二グループはこの第三グループの準備行程または有余の間の人格向上とも位置づけられるかと思います。第三グループはその行程を炎王光と無対光とが合して仕上げ、念仏者を涅槃に導く、涅槃に入らしめる光明のように思えます。衆生の有余《うよ》（肉体のある間）と無余《むよ》の両方、ないしその移行にかかわるもので、仮に「令入涅槃分」と名づけておきます。「令」は「りょう」と読み、「せしめる」という意味です。有名な「往生礼讃」（も

とは『勝鬘経』に引用されている、

哀愍覆護我《あいみんふごが》　われを憐《あわれ》み護りてぞ
令 法種増長《りょうぼうしゅぞうじょう》　悟りの種を増さしめて
此世及後生《しぜぎゅうごしょう》　この世あの世のわかちなく
願仏常 摂受《がんぶつじょうしょうじゅ》　救わせたまえ、み仏よ

（大木敦夫『和訳六時礼讃』、一四～一五頁）

などの用例があります。

無対光は讃礼の頌からみても、また『無対光』のご本をみても涅槃に関わる光明であることは問題ないと思います。弁栄聖者面授の高弟田中木叉上人は簡潔に「不死の門を開く」光明であると説明しておられます（『田中木叉上人遺文集』、一六四頁）。生から死への移行の臨終に如来の来迎を仰ぐことも無対光のおはたらきではないでしょうか。

炎王光は「三垢消滅」にもっとも強く連想されます。衆生は無始以来の無明によって惑と業と苦の迷いのただ中にあるわけですが、涅槃に至るにはこのような障《さわ》り、すなわち三障を断尽しなければなりません。同じく木叉上人の表現を拝借しますと「苦の源を断つ」光明であります（同、一六四頁）。三障とは煩悩障、業障、罪障の三つです。炎王光はこの「一切《すべて》の障り」を除いてくださいます。煩悩障とはもろもろの妄見（見惑）と貪瞋癡などの迷情（思惑）とに分類されますが、要するに解脱を得るうえでの一切の障害となるもので、無我、我空ということを覚《さと》れないことが原因です。業障《ごっしょう》（ごうしょう、とも）は悪業、宿業から来る悪、罪障は十悪等の行為です。

衆生は惑によって業を起し、業によって苦を受けるのです。

ところで大乗仏教は煩悩障と所知障の二つを断つことを修行の目的としています。唯識説を一応通仏教的な知見と考えますと、煩悩障を断ずれば我空を覚って涅槃にいたりますが、この煩悩障は所知障《しょちしょう》を拠りどころとするとされていて、その所知障とは法空に関わります。一切のダルマ（法、我以外の一切のもの）もまた縁起所生の現象であり、実体的存在ではないということ、つまり「法空」であるということを覚れば、所知障を断つといい、菩提（智慧）を得ることになります。所知とは知られるべきもの、ないし、知られるべきこと、ということで法空もその一つです。法空を覚っていないことは所知の上の障りとなるわけです。所知障を断って菩提を得、菩提（智慧）を得てこそ大慈大悲の源泉となります。かくして涅槃と菩提を円成した仏が生まれ、大乗仏教成立の根拠が見出されていったわけです。

以上のように無対光と炎王光とは「令入涅槃分」のグループを作るとみてはどうでしょうか。ともに令入涅槃のはたらきで共通するわけですが、無対光は来迎など積極的に涅槃に入らしめ、炎王光は入涅槃の障害を除くという意味で消極的ながら重要な役割を果たす、という程度のニュアンスのちがいはありそうです。しかしそれがまた、あたかも動と静、あるいは男性と女性のごとくに絶妙の一対をなしているともいえるのです。

ここでさらに一歩を踏み込んで考えますと、この無対光と炎王光の二光がはたらく「令入涅槃」の涅槃とはいわゆる「無住処涅槃」のことにほかならないといえそうです。小乗仏教における涅槃とは煩悩障を断った状態のことであります。このときに肉身の有無を基準にして、生前は「有余依涅槃」、滅後は「無余依涅槃」といいますが、大乗仏教は「無住処涅槃」というあり方を発見しました。煩悩障を断った（滅した）だけの涅槃でなく、菩提（智慧）のもとになる所知障をも断った（滅した）状態の涅槃を意味します。阿羅漢の涅槃でなく、仏陀の涅槃というわけです。「智慧の故に生死に住せず、慈悲の故に涅槃に住せず」といわれます。生死にも涅槃にも住しない、つまり無住処の涅槃です。生死の世界に自由に出入りして衆生済度にはたらきながら、しかし生死輪廻の世界に染まらないというあり方です。仏陀はその世界の主人ですから、現実に生死輪廻の衆生を済度するはたらきは（高位の）菩薩にお任せになりますが、大乗仏教ならではの涅槃と菩提と救済の関係が無住処涅槃という考え方に凝集されています。

無対光というのは無住処涅槃に際しての所知障を滅するはたらき、炎王光は煩悩障を滅するはたらき、というニュアンスが感じられます。いずれにしてもこの二光は、一対になっておはたらきくださるように思われます。

## （2）感応門と行儀門

さてここで重要なポイントがあります。

さきに述べた第二のグループ「光化の心相」の四つの光明は別に「心理感応門」ともよばれま

す。

「清浄光等の四光は人の心機に親しく交感すべき霊性なり。人はこの聖霊の感応によりて仏知見開発し聖霊に化せられる。即ち得道するなり。」(『人生の帰趣』、二四三頁)

「如来の恩寵能く衆生の心霊を開示し霊化す。如来の真理と霊智霊能とが衆生に及ぼす徳を恩寵と名づけ、衆生が如来に対する至心と信楽と欲生との三心を概して信仰と云う。この三心が如来の(体相用の)三大に感応す。この感応によりて解脱し霊化するを心理感応門と名づく。また人の心理が感覚感情智力意志との四機能に対する如来の四光なり。」(同、二四三頁)

光化の心相の行きつくところは解脱とも入涅槃ともいえますから、第三のグループ「令入涅槃分」も、つまるところ第一グループの「行儀門」ないし「修行信心分」の効果として顕現してくる如来の恩寵であります。

『人生の帰趣』には次のように出ています。

「難思光等の三光は宗教行儀門とす。即ち宗教起行の過程にして、初め宗教心の喚起より、終り信仰の結果たる実行に至るまでの宗教意識の過程を三階級とす。即ち三期に分かつ。初に信仰の喚起(難思光)、二開展(無称光)、三実行(超日月光)なり。

上記にすでに心理感応門において如来の霊応たる恩寵によって感化せられたる人の心象を説明せしも、いかに宗教意識を修養し発達せしめて開展し霊化することを得んか。これ倫理即ち行儀門を説明せざるべからざる所以なり。」(同、二五四頁)

このように短い文章ながら感応門と行儀門とが不可分に連動し円環していることが明記されていることを看過してはなりません。十二光はそれぞれ主たるおはたらきを本務として明瞭に発現されながら、しかもまたそれぞれがあたかも相即相入なること重重《じゅうじゅう》無尽帝網《むじんたいもう》の如くに連繋円環して念仏の行者を照らし加持しお育てになっているのであります。ここで重重無尽帝網とは帝釈天の宮殿の宝網には結び目ごとに珠玉があって、その輝きが互いに反映し合い、その映発が無尽無限なことをたとえています。実際、同書の炎王光の説明の最後の文章にも、

「この三障（煩悩障、業障、罪障、また惑業苦とも）を脱却するは炎王光の力なり。真理と霊知霊能の徳として遍在す。人、主我の非をさとり如来に帰してこれを脱す。この脱却するは行儀門に属す」（同、二四二頁）

と記されています。「この脱却するは行儀門に属す」の明記はきわめて重要なご指摘で、要は念仏の効果、功徳ということが全体を貫いているわけです。

実に前掲しました大谷仙界上人へのお慈悲の便りにお示しのごとく、

「すべてを大ミオヤにお任せ申しあげて　常に大ミオヤを念じ」

の信と行のセットが念仏実践の真髄である所以であります。この炎王光の三障脱却の力は難思光、無称光などの修行の進みに応じて念仏者の身に顕現（現象）してくるということだろうと思います。このことはいうまでもなく炎王光だけにかぎったことではなく無対光以下のすべてに関わることでしょう。

念仏修行の進みと念仏者に及ぶ向上・更生とは行儀門、感応門として密接に連携しており、それを映じて九つの光明もまた相互に円環しながら念仏者を照らし出していくという連環にあります。真実の大菩薩、言い換えれば十方三世一切の始覚のお世嗣を育てる超日月光は、無礙光の恩寵の終点ではなく、無対光と炎王光の令入涅槃分に表と裏の関係のごとくに円環しているともいえるでしょう。後九だけでなく如来の前三をも含めた十二光の一連一体とはそういう意味を含んでいると思います。そして念仏者がつまずいて後戻りしないように、如来は進むべき一歩一歩の前途を光明によって明るく示し励ましてくださるのです。「哀愍覆護我……願仏常摂受」の大慈大悲の光明に照らされ、その加持を受けているからにほかなりません。

## 念仏七覚支と啓示

行儀門と感応門の表裏連環の関係は七覚支と啓示がその典型であります。

念仏七覚支は無称光を中心とする行儀門の中核でありますが、こうした行儀門の進みに相応して念仏の衆生の側にも光化の心相が現象してきます。感応門が開かれて行くわけです。感応門の智慧光によって啓示が促される一方、無辺光の妙観察智が如来と行者を結び付けて啓示の内容を明かし、宗教的神秘体験の深まりを進めていきます。

七覚支の進みと開、示、悟、入、の各位の啓示の関係はすべて弁栄聖者の実地の体験——自内証によるものです。さきに啓示の内容についていささかは紹介しましたが、言葉はその輪郭を示しうるのみで、元来、深奥なる冷暖自知の世界のことは実践上の経験なくしてわかる筋合いのものではないでしょう。みずから精進の一歩一歩をどう歩むか、大きな課題に直面するのみであります。

最後に、「弁栄聖者御垂示」を反復玩味してこの稿を結びたいと思います。

「唯絶対無限光寿、即ち弥陀の聖名《みな》を崇び、聖意《みむね》を仰ぎ、それに帰せんが為に意《こころ》に弥陀の身を憶念し、口に弥陀を称え、身に弥陀の行動を実現す。一念弥陀に在れば一念の仏、念々弥陀に在れば念々の仏。仏を念ずる外に仏に成る道ぞなし。三世諸仏は念弥陀三昧によって正覚を成ずと南無。」(『光明の生活』、一七六頁)

念仏は身口意の三業のすべてをかけて専心するもので、一念、一念に弥陀に離れず称え続けることが、やがて念々に弥陀に在り続けることになるのでしょう。絶対無限光寿、即ち弥陀の、とは本仏の報身弥陀を表わしており、故にこそ三世諸仏も念弥陀三昧によって悟りを開いていかれたのであります。

## 二　円具教と超在一神的汎神教

宗教を大別すれば発達史的には自然教、超自然教、円具教の三区分が、また宗教の客体と主体の関係からは多神教、一神教、汎神教、超在一神的汎神教の区別が分かりやすいと思います。

自然教と超自然教には多神、一神、汎神がそれぞれ対応して枝分れしていくと思われます。神道は自然教の多神教、キリスト教は超自然教の一神教です。仏教の浄土真宗も阿弥陀仏に対する観念は超自然教的、一神教的といえるでしょう。禅、天台、華厳等は汎神教です。一切衆生悉有仏性、自己の自性天真の仏性顕示すれば本来仏なり、であります。従来の浄土宗が仰ぐ阿弥陀仏は汎神教的の弥陀であります。十方諸仏の中で、阿弥陀の本願によって衆生を摂取して捨てたまわぬ故に、すなわち本願にひかれて弥陀に帰するが故に、であります。

円具教というのは自然教と超自然教とを統一し総合し、また一神と汎神とを統合し、汎神の中に統一せる神尊を客体と戴く超在一神的汎神教です。

一神教は神性をもつのは神のみで衆生は具せず、神に救われる性があるのみです。超在一神とは、汎神、諸仏の中の一仏としての阿弥陀仏ではない独尊の、一切諸仏を統一し諸仏の本地、本仏として超在する本有の阿弥陀に帰依するということであり、衆生は元来法身阿弥陀の個体現として仏性を具するものの、この一切万行の帰趣するところの神尊に帰命信順してその独尊の光明に摂取せられなければ仏性を開き煩悩を霊化して成仏することはできないという関係にあります。一切衆生は悉く念弥陀三昧によって弥陀仏と合一できるというところを汎神教というわけで、成仏への直線道ともいわれる所以であります。

ひとり一人の念仏者にとっては真応身や霊応身のかたちをとって済度なさいます。慧眼（だけが）が開けて真実の仏とは無相無色で、人格的相好などある筈がないと信じている者に対しては、やがて法眼を授けて真仏には人格的相好のある事実を啓示されます。このように本有無作の報身仏《ほうしんぶつ》のおはたらきは能動的であられます

弁栄聖者の報身としての阿弥陀仏とは次のようなお方で、この仏身を超在一神とお呼びするのであります。弁栄聖者の仏身観にあっては宇宙大霊は本有無作の大霊的人格態であり、法身、報身、応身の三身に分かれながらも三身は即一であります。法身はその体であり、報身は法身内蔵の万徳の精粋として心霊界の太陽のごとくに法身の最高中心に在します、というのが真実です。

この報身阿弥陀仏は、法蔵菩薩の本願成就によって生まれたものではなく、また人間の宗教的信念が創造したものでもなく、初めから大宇宙に在します本有無作の報身仏であり、自身の真理の法則によって人の心の中に顕われ出る自発的存在であり、かつまた、帰趣の大慈悲の目的通りに人を摂取される目的論的存在なのであります。

このような阿弥陀仏に帰依し、現在を通じて永遠に、人々みずからの往生、成仏を願っていくのが宗教的には円具教、哲学的・教学的には超在一神的汎神教、ということができるでしょう。

# あとがき

東京都練馬区の宗教法人光明園において、園主・大南龍昇上人の命を受けて筆者はほぼ一年半に亘り念仏実修の用心について講話をしました。光明園は弁栄聖者の直弟子、田中木叉上人によって昭和二七年に設立された、光明主義・円具教の専門道場であります。講話は月例で行われ、平成二八年七月から同三〇年三月まで、都合一八回でした。本書はその講話原稿に若干の補筆を加えたものであります。

姉妹書『近代の念仏聖者　山崎弁栄』（春秋社、二〇一五年）の第五章「無礙の恩寵」においても「第七節　念仏七覚支」にて念仏の起行の用心について言及いたしましたが、全体の紙幅の関係もあって骨子の紹介にとどまり、隔靴掻痒の感を禁じえませんでした。今回さいわいにもこのテーマについて多少の血肉を加えて講話をする機会に恵まれ、聖者や高弟方、諸先達のことばを中心に「聞くならく起行の用心」という形で紹介することが出来ました。

「起行の用心」というテーマを掲げますのは、如来を念ずる念仏実修の方法を明らかにしその実践を通じて行者に感得される不思議なこと、すなわち甚深《じんじん》（真空、慧眼）微妙《みみょう》（妙有、法眼）無《む》上《じょう》（縁起円満、仏眼）の宗教体験のさまざまを何とか言葉の上でお伝えしたいと願うが故であります。こうした「起行の用心」を独自のテーマに建てるのが光明主義円具教の大きな特色です。この「起行の用心」について、多数の引用を試みましたが、その理解や採否はすべて筆者の責に帰すべきものであります。

二〇一五年の前著を光明主義の教学篇と位置付け得るとすれば、本書はまさに念弥陀三昧の念仏実修篇に当たるでしょう。両書相俟って初めて弁栄聖者の光明主義円具教の内容と実践の全貌をお取次ぎすることができるのではないかと思います。身の不敏を顧みずいささかなりとも報恩行の一半ともなればと願うのみです。

弁栄聖者の御教えによって念仏行を志す者は朝夕二回の礼拝に合わせ、『如来光明礼拝儀』という独自の勤行式を読誦し、念仏に入るのが通例であります。読者の便宜のため、朝と夕の礼拝式の経文を巻末に付し参考に供します。

春秋社の神田明会長、澤畑吉和社長、また同編集部の佐藤清靖氏、豊嶋悠吾氏らのご尽力、ご協力に感謝を申し上げます。

以上

## 付録 『如来光明礼拝儀』

○晨朝《あさ》の礼拝《らいはい》

南無阿弥陀仏《なむあみだぶつ》　三礼《さんらい》

「至心《ししん》に帰命《きみょう》す」

法身《ほっしん》　報身《ほうしん》　応身《おうじん》の○　聖《きよ》き名《みな》に帰命《きみょう》し奉《たてま》つる　三身即一《さんしんそくいつ》に在《まし》ます最《い》と尊《とう》き唯一《ゆいいつ》の如来《にょらい》よ　如《にょ》来《らい》の在《いま》さゞる処《ところ》なきが故《ゆえ》に　今現《いまげん》に此処《ここ》に在《まし》ますことを信《しん》じて　一心《いっしん》に恭礼《きょうらい》し奉《たてま》つる　如来《にょらい》の威力《みちから》と恩恵《みめぐみ》とに依《より》て　活《い》き働《はた》らき在《あ》ることを得《え》たる我《われ》は　我身《わがみ》と心《こころ》との総《すべ》てを捧《ささ》げて仕《つか》え奉《たてまつ》らん　冀《こいねが》わくは一《いっ》に光栄《みさかえ》を現《あら》わすべき務《つとめ》を果《はた》す聖寵《みめぐみ》を垂《た》れ給《たま》え

如来光明歎徳章《にょらいこうみょうたんとくしょう》

仏《ほとけ》阿難《あなん》に告《つげ》たまわく○　無量寿如来《むりょうじゅにょらい》の威神光明最尊第一《いじんこうみょうさいそんだいいち》にして諸仏《しょぶつ》の光明《こうみょう》及ぶこと能《あた》わざる所《ところ》なり　是故《このゆえ》に無量寿如来《むりょうじゅにょらい》を　無量光仏《むりょうこうぶつ》　無辺光仏《むへんこうぶつ》　無礙光仏《むげこうぶつ》　無対光仏《むたいこうぶつ》　燄王光仏《えんのうこうぶつ》　清浄光《しょうじょうこう》

仏《ぶつ》　歓喜光仏《かんぎこうぶつ》　智慧光仏《ちえこうぶつ》　不断光仏《ふだんこうぶつ》　難思光仏《なんしこうぶつ》　無称光仏《むしょうこうぶつ》　超日月光仏《ちょうにちがつこうぶつ》と号《ごう》し奉《たてま》つる○　其《そ》れ衆《しゅ》生《じょう》有《あり》て斯光《このひかり》に遇《あ》うものは三垢《さんく》消滅《しょうめつ》し身意《しんに》柔軟《にゅうなん》に　歓喜踊躍《かんぎゆやく》して善心生《ぜんしんしょう》ぜん　若三塗勤苦《もしさんずごんく》の処《ところ》にありて此《こ》の光明《こうみょう》を見《み》たてまつらば皆休息《みなくそく》を得《え》て亦苦悩《またくのう》なく寿終《じゅじゅう》の後皆解脱《のちみなげだつ》を蒙《こう》むらん○　無量《むりょう》寿如来《じゅにょらい》の光明顕赫《こうみょうけんかく》にして十方《じっぽう》を照耀《しょうよう》す諸仏《しょぶつ》の国土《こくど》に聞《き》こえざることなし　但《た》だ我今其光明《われいまそのこうみょう》を称《しょう》するのみにあらず一切《いっさい》の諸仏声聞縁覚諸《しょぶつしょうもんえんがくもろもろ》の菩薩衆《ぼさつしゅ》も咸《ことごと》く共《とも》に歎誉《たんよ》したもうこと亦《また》また是《かく》の如《ごと》し○若衆生《もししゅじょう》ありて其光明《そのこうみょう》の威神功徳《いじんくどく》を聞《きい》て日夜《にちや》に称説《しょうせつ》して　至心不断《ししんふだん》ならば意《こころ》の所願《しょがん》に随《したが》いて其国《そのくに》に生《しょう》ずることを得《え》て諸《もろもろ》の菩薩声聞大衆《ぼさつしょうもんだいしゅ》に共《とも》に歎誉《たんよ》して其功徳《そのくどく》を称《しょう》せられん　其然《そのしこう》して後仏道《のちぶつどう》を得《う》る時《とき》に至《いた》りて普《あまね》く十方《じっぽう》の諸仏菩薩《しょぶつぼさつ》に其光明《そのこうみょう》を歎《たん》ぜられんこと亦今《またいま》の如《ごと》くならん　仏《ほとけ》の言《のたま》わく我無《われむ》量寿如来《りょうじゅにょらい》の光明威神《こうみょういじん》の巍巍殊妙《ぎぎしゅみょう》なることを説《と》かんに昼夜一劫《ちゅうやいっこう》すともなお未《いま》だ尽《つく》すこと能《あた》わじ

「至心《ししん》に勧請《かんじょう》す」

三身即一《さんしんそくいつ》に在《まし》ます如来《にょらい》よ○　如来《にょらい》の真応身《みからだ》は在《いま》さざる処《ところ》なきが故《ゆえ》に　今我身体《いまわがからだ》は　如来《にょらい》の霊応《れいおう》を安置《やど》すべき宮《みや》なりと信《しん》ず　諸《もろもろ》の聖者《せいじゃ》の心宮《こころ》に在《いま》しし如《ごと》く　常《つね》に我等《われら》が心殿《こころ》に在《あ》らせ給《たま》え　今《いま》や己《おのれ》が身《み》を献《ささ》げて至心《ししん》に如来《にょらい》の霊応《れいおう》を勧請《かんじょう》し奉《たてま》つる　霊応常住《れいおうとこしなえ》に我心殿《わがこころ》に在《まし》まして転法輪《たかきみちびき》を垂《た》れ給《たま》え

「至心《ししん》に讃礼《さんらい》す」

南無無量寿仏《なむむりょうじゅぶつ》

本有法身阿弥陀尊《ほんぬほっしんあみだそん》　迹《あと》を十劫《じっこう》に垂《た》れ在《まし》し

本迹不二《ほんじゃくふに》なる霊体《れいたい》の　無量寿王《むりょうじゅおう》に帰命《きみょう》せん
　南無無量光仏《なむむりょうこうぶつ》
十方三世《じっぽうさんぜ》一切《いっさい》の　法報応《ほっぽうおう》の本地《ほんじ》なる
独尊統摂《どくそんとうしょう》帰趣《きしゅ》に在《ま》す　無量光《むりょうこう》を頂礼《ちょうらい》す
　南無無辺光仏《なむむへんこうぶつ》
如来無辺《にょらいむへん》の光明《こうみょう》は　四大智慧《しだいちえ》の相《すがた》にて
遍《あまね》く法界《ほっかい》照《てら》しては　衆生《しゅじょう》の智見《ちけん》を明《あか》すなり
　南無無礙光仏《なむむげこうぶつ》
如来無礙《にょらいむげ》の光明《こうみょう》は　神聖正義恩寵《しんせいせいぎおんちょう》の
霊徳不思議《れいとくふしぎ》の力《ちから》にて　衆生《しゅじょう》を解脱《げだつ》し自由《じゆう》とす
　南無無対光仏《なむむたいこうぶつ》
絶対無限《ぜったいむげん》の光明《こうみょう》に　摂化《せっけ》せられし終局《おわり》には
諸仏《しょぶつ》と等《ひとし》き覚位《かくい》をえ　大般涅槃《だいはつねはん》に証入《しょうにゅう》す
　南無燄王光仏《なむえんのうこうぶつ》
衆生無始《しゅじょうむし》の無明《むみょう》より　惑《わく》と業苦《ごっく》の極《きわ》なきも
大燄王《だいえんのう》の光《ひかり》にて　一切《すべて》の障《さわ》り除《のぞ》こりぬ
　南無清浄光仏《なむしょうじょうこうぶつ》

如来《にょらい》清浄《しょうじょう》光明《こうみょう》に　我等《われら》が塵垢《じんく》は滌《そそ》がれて
六根《ろっこん》常《つね》に清《きよ》らけく　姿色《ししき》も自《おの》ずと潤《うる》おるれ
南無歓喜光仏《なむかんぎこうぶつ》

如来歓喜《にょらいかんぎ》の光明《こうみょう》に　我等《われら》が苦悩《なやみ》は安《やす》らぎて
禅悦法喜微妙《ぜんねつほうきみみょう》なる　喜楽極《きらくきわ》なく感《かん》ずなり
南無智慧光仏《なむちえこうぶつ》

如来智慧《にょらいちえ》の光明《こうみょう》に　我等《われら》が無明《むみょう》は照《てら》されて
仏《ぶつ》の智見《ちけん》を開示《かいじ》して　如来《にょらい》の真理《まこと》悟入《さとら》るれ
南無不断光仏《なむふだんこうぶつ》

常恒不断《じょうごうふだん》の光明《こうみょう》に　我《われ》らが意志《こころ》は霊化《れいか》せば
作仏度生《さぶつどしょう》の願《のぞ》みもて　聖意《みむね》現《あら》わす身《み》とはなる
南無難思光仏《なむなんしこうぶつ》

甚深難思《じんじんなんし》の光明《こうみょう》を　至心不断《ししんふだん》に念《ねん》ずれば
信心喚起《しんじんかんぎ》の時《とき》いたり　心《こころ》の曄瞳《あけ》とは成《なり》ぬべし
南無無称光仏《なむむしょうこうぶつ》

如来《にょらい》の慈光《じこう》被《こう》むれば　七覚心《しちかくこころ》の華開《はなひら》き
神秘《しんぴ》の霊感妙《れいかんたえ》にして　聖《きよ》き心《こころ》よみがえる

南無《なむ》超日月光仏《ちょうにちがつこうぶつ》

智悲《ちひ》の日月《ひつき》の照《てら》す下《もと》　光《ひかり》の中《なか》に生活《くら》す身《み》は

聖意《みむね》を己《おの》が意《こころ》とし　三業《さんごう》四威儀《しいぎ》に行為《つとむ》なり

「光明摂取《こうみょうせっしゅ》の文《もん》」

如来《にょらい》の光明《こうみょう》は㊍遍《あまね》く十方《じっぽう》の世界《せかい》を照《て》らして念仏《ねんぶつ》の衆生《しゅじょう》を摂取《せっしゅ》して捨《す》て給《たま》わず

「念仏三昧《ねんぶつさんまい》」

「次に総回向《そうえこう》の文《もん》」

願《ねが》わくは此功徳《このくどく》を以《もっ》て㊍　平等《あまねく》一切《いっさい》に施《ほど》こし同《おな》じく菩提心《ぼだいしん》を発《おこ》して安楽国《あんらくこく》に往生《おうじょう》せん

「至心《ししん》に発願《ほつがん》す」

智慧《ちえ》と慈悲《じひ》とに在《まし》ます如来《にょらい》よ○　教主《おしえぬし》世尊《せそん》が六根《ろくこん》常《つね》に清《きよ》らかに光顔《みかお》永《とこ》しなえに麗《うる》わしく在《いま》ししは

内《うち》霊応《れいおう》に充給《みちたま》いければなり　我《われ》らも完徳《かんとく》の鑑《かがみ》たる世尊《せそん》に倣《なら》いて如何《いか》なる境遇《ばあい》にも姿色《うるわしき》を換《か》えざる

ことを誓《ちか》い奉《たてま》つる　願《ねが》わくは常《つね》に慈悲《じひ》　歓喜《かんぎ》　正義《せいぎ》　安忍《あんにん》　剛毅《ごうき》　貞操《ていそう》　謙遜《けんそん》　真実等《しんじつとう》の徳《とく》を体《たい》

し　外《ほか》は怨親《おんしん》平等《びょうどう》に同体大悲《おもいやり》の愛《あい》を以《もっ》て佗《た》に待《たい》し得《え》らるるように恩寵《おんちょう》をたれ給《たま》え

南無阿弥陀仏《なむあみだぶつ》　三礼《さんらい》

## ○昏暮《くれ》の礼拝《らいはい》

南無阿弥陀仏《なむあみだぶつ》　三礼《さんらい》

「至心《ししん》に感謝《かんしゃ》す」

大慈悲《だいじひ》に在《まし》ます我《われ》らが如来《にょらい》よ。　如来《にょらい》が与《あた》え給《たま》える明《あけ》き光《ひかり》と清《きよ》き瀞気《えいき》と新《あたら》しき糧《かて》とに依《より》て今日一日《こんにちいちにち》の務《つと》めを果《はた》したる恩徳《おんとく》を感謝《かんしゃ》し奉《たてまつ》る　又如来《またにょらい》の神聖《しんせい》と正義《せいぎ》と恩寵《おんちょう》との光明《ひかり》を被《こう》むり今日《こんにち》聖意《みむね》に契《かの》う務《つと》めを得《え》たりしは全《まった》く聖寵《みめぐみ》の然《しか》らしむる処《ところ》　深《ふか》く其《そ》の恩徳《おんとく》を感謝《かんしゃ》し奉《たてま》つる

### 如来光明歎徳章《にょらいこうみょうたんとくしょう》

仏《ほとけ》阿難《あなん》に告《つげ》たまわく。無量寿如来《むりょうじゅにょらい》の威神光明《いじんこうみょう》最尊第一《さいそんだいいち》にして諸仏《しょぶつ》の光明《こうみょう》及《およ》ぶこと能《あた》わざる所《ところ》なり　是故《このゆえ》に無量寿如来《むりょうじゅにょらい》を　無量光仏《むりょうこうぶつ》　無辺光仏《むへんこうぶつ》　無礙光仏《むげこうぶつ》　無対光仏《むたいこうぶつ》　燄王光仏《えんのうこうぶつ》　清浄光《しょうじょうこう》仏《ぶつ》　歓喜光仏《かんぎこうぶつ》　智慧光仏《ちえこうぶつ》　不断光仏《ふだんこうぶつ》　難思光仏《なんしこうぶつ》　無称光仏《むしょうこうぶつ》　超日月光仏《ちょうにちがつこうぶつ》と号《ごう》し奉《たてまつ》る。　其《そ》れ衆《しゅ》生有《じょうあり》て斯光《このひかり》に遇《あ》うものは三垢《さんく》消滅《しょうめつ》し身意《しんに》柔軟《にゅうなん》に歓喜踊躍《かんぎゆやく》して善心生《ぜんしんしょう》ぜん　若三塗勤苦《もしさんずごんく》の処《ところ》にありて此《こ》の光明《こうみょう》を見たてまつらば皆休息《みなくそく》を得《え》て亦苦悩《またくのう》なく寿終《じゅじゅう》の後皆解脱《のちみなげだつ》を蒙《こう》むらん。　無量寿《むりょうじゅ》如来《にょらい》の光明顕赫《こうみょうけんかく》にして十方《じっぽう》を照耀《しょうよう》す諸仏《しょぶつ》の国土《こくど》に聞《き》こえざることなし　但《た》だ我今其光明《われいまそのこうみょう》を称《しょう》するのみにあらず一切《いっさい》の諸仏声聞縁覚諸《しょぶつしょうもんえんがくもろもろ》の菩薩衆《ぼさつしゅ》も咸《ことごと》く共《とも》に歎誉《たんよ》したもうこと亦《また》また是《かく》の如《ごと》し。　若衆生《もししゅじょう》ありて其光明《そのこうみょう》の威神功徳《いじんくどく》を聞《きい》て日夜《にちや》に称説《しょうせつ》して　至心不断《ししんふだん》ならば意《こころ》の所願《しょがん》に随《したが》いて其国《そのくに》に生《しょう》ずることを得《え》て諸《もろもろ》の菩薩声聞大衆《ぼさつしょうもんだいしゅ》に共《とも》に歎誉《たんよ》して其功徳《そのくどく》を称《しょう》せられん　其然《そのしこう》して後仏道《のちぶつどう》を得《う》

る時《とき》に至《いた》りて普《あまね》く十方《じっぽう》の諸仏菩薩《しょぶつぼさつ》に其光明《そのこうみょう》を歎《たん》ぜられんこと亦今《またいま》の如《ごと》くならん　仏《ほとけ》の言《のたま》わく我《われ》無《む》量寿如来《りょうじゅにょらい》の光明《こうみょう》威神《いじん》の巍巍《ぎぎ》殊妙《しゅみょう》なることを説《と》かんに昼夜一劫《ちゅうやいっこう》すともなお未《いま》だ尽《つ》くすこと能《あた》わじ

「至心《ししん》に懺悔《さんげ》す」

法身《ほっしん》と智慧《ちえ》と解脱《げだつ》の○　三徳《さんとく》を備《そな》え給《たま》う如来《にょらい》に告白《こくはく》し奉《たてまつ》る　自身《じしん》は現《げん》に是《こ》れ罪悪《ざいあく》の凡夫《ぼんぶ》　心《こころ》の至《いた》らざるよりして作《な》す可《べか》らざる罪《つみ》を造《つく》り　作《な》すべき事《こと》を怠《おこた》るの罪《つみ》に陥《おちい》れり　是《こ》れ皆《みな》自《みず》からの過《あやまり》なり　実《げ》に大《おお》いなる過《あやま》りなることを感《かん》じて　至心《ししん》に懺悔《さんげ》し奉《たてまつ》る　今《いま》より後《のち》は悔《く》い改《あらた》め邪悪《よこしま》を捨《す》て正善《ただしき》に就《つ》かんことを誓《ちか》い奉《たてまつ》る　願《ねがわ》くは恩寵《みめぐみ》に依《より》て再《ふたた》び過《あやまち》に陥《おちい》ること無《な》く正《ただ》しき人《ひと》と為《な》さしめ給《たま》え

「至心《ししん》に讃礼《さんらい》す」

南無無量寿仏《なむむりょうじゅぶつ》

本有法身阿弥陀尊《ほんぬほっしんあみだそん》　迹《あと》を十劫《じっこう》に垂《た》れ在《まし》し
本迹不二《ほんじゃくふに》なる霊体《れいたい》の　無量寿王《むりょうじゅおう》に帰命《きみょう》せん

南無無量光仏《なむむりょうこうぶつ》

十方三世一切《じっぽうさんぜいっさい》の　法報応《ほっぽうおう》の本地《ほんじ》なる
独尊統摂帰趣《どくそんとうしょうきしゅ》に在《ま》す　無量光《むりょうこう》を頂礼《ちょうらい》す

南無無辺光仏《なむむへんこうぶつ》

如来無辺《にょらいむへん》の光明《こうみょう》は　四大智慧《しだいちえ》の相《すがた》にて

遍《あまね》く法界《ほっかい》照《てら》しては　衆生《しゅじょう》の智見《ちけん》を明《あか》すなり
南無無礙光仏《なむむげこうぶつ》
如来無礙《にょらいむげ》の光明《こうみょう》は　神聖正義恩寵《しんせいせいぎおんちょう》の
霊徳不思議《れいとくふしぎ》の力《ちから》にて　衆生《しゅじょう》を解脱《げだつ》し自由《じゆう》とす
南無無対光仏《なむむたいこうぶつ》
絶対無限《ぜったいむげん》の光明《こうみょう》に　摂化《せっけ》せられし終局《おわり》には
諸仏《しょぶつ》と等《ひとし》き覚位《かくい》をえ　大般涅槃《だいはつねはん》に証入《しょうにゅう》す
南無燄王光仏《なむえんのうこうぶつ》
衆生無始《しゅじょうむし》の無明《むみょう》より　惑《わく》と業苦《ごっく》の極《きわ》なきも
大燄王《だいえんのう》の光《ひかり》にて　一切《すべて》の障《さわ》り除《のぞ》こりぬ
南無清浄光仏《なむしょうじょうこうぶつ》
如来清浄光明《にょらいしょうじょうこうみょう》に　我等《われら》が塵垢《じんく》は滌《そそ》がれて
六根常《ろっこんつね》に清《きよ》らけく　姿色《ししき》も自《おの》ずと潤《うる》おるれ
南無歓喜光仏《なむかんぎこうぶつ》
如来歓喜《にょらいかんぎ》の光明《こうみょう》に　我等《われら》が苦悩《なやみ》は安《やす》らぎて
禅悦法喜微妙《ぜんねつほうきみみょう》なる　喜楽極《きらくきわ》なく感《かん》ずなり
南無智慧光仏《なむちえこうぶつ》

如来智慧《にょらいちえ》の光明《こうみょう》に我等《われら》が無明《むみょう》は照《てら》されて
仏《ぶつ》の智見《ちけん》を開示《かいじ》して如来《にょらい》の真理《まこと》悟入《さとら》るれ
南無不断光仏《なむふだんこうぶつ》

常恒不断《じょうごうふだん》の光明《こうみょう》に我《われ》らが意志《こころ》は霊化《れいか》せば
作仏度生《さぶつどしょう》の願《のぞ》みもて聖意《みむね》現《あら》わす身《み》とはなる
南無難思光仏《なむなんしこうぶつ》

甚深難思《じんじんなんし》の光明《こうみょう》を
信心喚起《しんじんかんぎ》の時《とき》いたり
至心不断《ししんふだん》に念《ねん》ずれば
心《こころ》の暉瞳《あけ》とは成《なり》ぬべし
南無無称光仏《なむむしょうこうぶつ》

如来《にょらい》の慈光《じこう》被《こう》むれば
神秘《しんぴ》の霊感《れいかん》妙《たえ》にして
七覚《しちかく》心《こころ》の華《はな》開《ひら》き
聖《きよ》き心《こころ》によみがえる
南無超日月光仏《なむちょうにちがつこうぶつ》

智悲《ちひ》の日月《ひつき》の照《てら》す下《もと》
光《ひかり》の中《なか》に生活《くら》す身《み》は
聖意《みむね》を己《おの》が意《こころ》とし
三業四威儀《さんごうしいぎ》に行為《つとむ》なり

「光明摂取《こうみょうせっしゅ》の文《もん》」
如来《にょらい》の光明《こうみょう》は㊍ 遍《あまね》く十方《じっぽう》の世界《せかい》を照《て》らして念仏《ねんぶつ》の衆生《しゅじょう》を摂取《せっしゅ》して捨《す》て給《たま》わず
「念仏三昧《ねんぶつさんまい》」

「次に総回向《そうえこう》の文《もん》」

願《ねが》わくは此功徳《このくどく》を以《もっ》て㊍　平等《あまねく》一切《いっさい》に施《ほど》こし同《おな》じく菩提心《ぼだいしん》を発《おこ》して安楽国《あんらくこく》に往生《おうじょう》せん

「至心《ししん》に回向《えこう》す」

至善《しいぜん》に在《まし》ます如来《にょらい》よ○　我《われ》らは曾《かつ》て心闇《こころくら》くして如来《にょらい》の在《まし》ますことを識《し》らざりき　然《しか》るに如来《みおや》の大《だい》悲招喚《ひしょうかん》の声《みこえ》に驚《おどろ》きて　至心《ししん》に如来《にょらい》に帰依《きえ》し奉《たてまつ》れり　願《ねが》わくは我《われ》らを無限《むげん》の光明《ひかり》の中《なか》に永遠《えいえん》の生命《いのち》を与《あた》え給《たま》え　又願《またねが》わくは上《かみ》は如来《にょらい》の聖寵《みめぐみ》を被《こうむ》り　下《しも》は一切《すべて》の同胞《どうほう》に聖寵《みめぐみ》を頒《わか》つことを得《え》しめよ　又我等《またわれら》を悪魔《あくま》の誘惑《いざない》よりさけて聖《きよ》き道《みち》に向上《すす》むことを得《え》しめよ　又聖意《またみむね》を世《よ》の同胞《はらから》にしらしめて聖《きよ》きみ光《ひかり》の中《なか》に共《とも》に安寧《やすき》を得《え》んことを希《こいね》がい奉《たてまつ》る

南無阿弥陀仏《なむあみだぶつ》　三礼《さんらい》

如来光明礼拝式―終―

（『如来光明礼拝儀』修養会、主要文献一覧参照）

# 光明主義関係　本書引用主要文献一覧

**○読誦聖典**

『如来光明礼拝儀』（弁栄聖者作、修養会、平成七年）

『如来光明礼拝儀』（弁栄聖者作、聖堂、平成六年）

両書は仮名遣い並びに聖歌収録の編集に別あり。修養会は光明修養会発行の略、聖堂は光明会本部聖堂発行の略、略称は以下同。

**○弁栄聖者光明大系**（弁栄聖者作、田中木叉上人編）

『人生の帰趣』（聖堂、平成二年）

『光明の生活』（修養会、昭和四九年）

『無量光寿』（聖堂、平成元年）

『無辺光』（聖堂、平成二年）

『無礙光　無対光』（聖堂、平成二年）

『炎王光　清浄光　歓喜光　智慧光　不断光』（聖堂、平成二年）

『難思光　無称光　超日月光』（聖堂、平成二年）

**○その他の弁栄聖者遺文集**

『宗祖の皮髄』（弁栄聖者著、修養会、平成二年）

『お慈悲のたより』（田中木叉上人編、聖堂、上巻：平成二年、中下巻：平成二年）

『弁栄上人書簡集』（山本空外上人編、修養会、昭和四四年）

『弥陀教義』（聖堂、平成一六年）

『大霊の光』（聖堂、平成一二年）

『仏教要理問答』（聖堂、昭和五五年）

『礼拝儀要解』（聖堂、平成一一年）

『念仏三十七道品御講演聴書』（橋爪勇哲上人編、修養会、平成一一年）

『光明主義玄義』（杉田善孝上人校註、聖堂、平成七年）

『ミオヤの光』（弁栄聖者御遺稿、縮刷版全四巻、田中成編、ミオヤの光社、平成元年）

**○諸上人著書並びに講録集等**

『日本の光』（弁栄聖者伝、田中木叉上人著、修養会、平成九年）

『笹本戒浄上人全集』（聖堂、上巻：昭和五六年、中巻：昭和五七年、下巻：昭和五九年）

『光明主義注解』（笹本戒浄上人述、泉虎一師記、聖堂、平成一四年）

『しのび草』（笹本戒浄上人追悼、和田真澄上人編、聖堂、昭和五六年）

『田中木叉上人遺文集』（藤堂俊章上人編、修養会、昭和五二年）
『光明歌集』（田中木叉上人作、修養会、昭和六二年）
『田中木叉上人御法話聴書』（冨川茂記、金田隆栄上人編、大願寺、平成二〇年）
『佐々木為興上人遺文集』（藤堂俊章上人編、修養会、昭和五七年）
『杉田善孝上人　唐沢山別時御法話』（聖堂、第一編：平成一八年、第二編：平成二一年、第三編：平成二六年）
『恋愛と宗教』（中井常次郎師著並びに発行、大正一一年）
『弁栄聖者の弥陀の啓示「開」「示」「悟」「入」』（柴武三師著並びに発行、昭和五一年）
『妙好人　荒巻くめ女』（橋爪勇哲著、修養会、平成七年）
『弁栄聖者』（藤堂恭俊著、光明会連合本部、昭和三四年）
『真実の自己』（笹本戒浄上人述、聖堂、平成一一年）

○**機関誌**

『ひかり』（修養会、月刊）
『光明』（聖堂、月刊）

【著者略歴】

佐々木有一（ささき・ゆういち）

1937年、京都市生まれ。定時制高校を経て、1961年大阪大学法学部首席卒業（楠本賞受賞）。ただちに三和銀行入行。ミクロ、マクロとも調査畑が長く、1971年ニューヨーク駐在エコノミストとして赴任。時あたかもドルの金兌換性停止などのニクソン・ショックが起こり、当時他行にはエコノミスト専任者がいないこともあって、日系企業への情報提供などに活躍。玉造支店長（大阪市）、事業調査部長、瓦町支店長（大阪市）を歴任。1990年同行取締役、1994年退任。この間1991年より岩崎通信機の再建に従事。1997年同社代表取締役専務を退任、その後京都、大阪にて二社の社長を勤める。

2003年66歳で現役引退、ほぼ同時期に岡潔先生の著書にて山崎弁栄聖者の名を知り、河波定昌上人の指導を受けつつ、日課念仏の傍ら光明主義教学の研究を始める。

現在、宗教法人光明園責任役員・講師、一般財団法人光明会会員、比較思想学会会員。著書『近代の念仏聖者　山崎弁栄』（春秋社）。

山崎弁栄　弥陀合一の念仏
二〇一九年一月二〇日　第一刷発行
著者　佐々木有一
発行者　澤畑吉和
発行所　株式会社春秋社
〒一〇一―〇〇二一　東京都千代田区外神田二―一八―六
電話　〇三―三二五五―九六一一
振替　〇〇一八〇―六―二四八六一
http://www.shunjusha.co.jp/
印刷所　株式会社太平印刷社
製本所　ナショナル製本協同組合
装幀　河村誠

ISBN 978-4-393-17429-6
定価はカバーに表示してあります

佐々木有一
## 近代の念仏聖者　山崎弁栄

念仏三昧に邁進し、仏教のみならず西洋の科学、思想をも踏まえて、独自の浄土教学である光明主義を展開した、近代の聖者・山崎弁栄。その真髄が説き明かされる決定版。

4500円

蓑輪顕量
## 日本仏教史

日本において坐禅や念仏などの瞑想の伝統はどのように展開したか。従来の教学を追った仏教史では顧みられなかった行の観点から論じる、今までにない仏教史。

2400円

末木文美士
## 浄土思想論

現代における死者の問題、日本における他者論という著者独自の視点に立って、古代インドから日本近代に至るまでの変遷を追いながら、新しい浄土思想の見方・あり方を問う意欲作。

2200円

平岡聡
## 浄土思想史講義
――聖典解釈の歴史をひもとく

インドの龍樹・世親から中国の曇鸞・道綽・善導、そして日本の法然・親鸞まで。「聖典解釈による仏教変容」をテーマに、「浄土教の思想史」を語る画期的論考。

2200円

▼価格は税別。